中国政府和社会资本合作发展评估

The Evaluation of Public Private Partnership Development in China

程 哲 著

经济管理出版社

ECONOMY & MANAGEMENT PUBLISHING HOUSE

图书在版编目（CIP）数据

中国政府和社会资本合作发展评估/程哲著 . —北京：经济管理出版社，2022.10
ISBN 978-7-5096-8743-7

Ⅰ.①中… Ⅱ.①程… Ⅲ.①政府投资—合作—社会资本—研究—中国 Ⅳ.①
F832.48 ②F124.7

中国版本图书馆 CIP 数据核字（2022）第 185370 号

组稿编辑：宋　娜
责任编辑：张　昕
责任印制：黄章平
责任校对：陈　颖

出版发行：经济管理出版社
　　　　　（北京市海淀区北蜂窝 8 号中雅大厦 A 座 11 层　100038）
网　　址：www. E-mp. com. cn
电　　话：（010）51915602
印　　刷：北京晨旭印刷厂
经　　销：新华书店
开　　本：720mm×1000mm/16
印　　张：15. 75
字　　数：242 千字
版　　次：2024 年 5 月第 1 版　　2024 年 5 月第 1 次印刷
书　　号：ISBN 978-7-5096-8743-7
定　　价：98. 00 元

第十批《中国社会科学博士后文库》编委会及编辑部成员名单

（一）编委会

主　任：赵　芮

副主任：柯文俊　胡　滨　沈水生

秘书长：王　霄

成　员（按姓氏笔划排序）：

卜宪群	丁国旗	王立胜	王利民	史　丹	冯仲平
邢广程	刘　健	刘玉宏	孙壮志	李正华	李向阳
李雪松	李新烽	杨世伟	杨伯江	杨艳秋	何德旭
辛向阳	张　翼	张永生	张宇燕	张伯江	张政文
张冠梓	张晓晶	陈光金	陈星灿	金民卿	郑筱筠
赵天晓	赵剑英	胡正荣	都　阳	莫纪宏	柴　瑜
倪　峰	程　巍	樊建新	冀祥德	魏后凯	

（二）编辑部

主　任：李洪雷

副主任：赫　更　葛吉艳　王若阳

成　员（按姓氏笔划排序）：

杨　振	宋　娜	赵　悦	胡　奇	侯聪睿	姚冬梅
贾　佳	柴　颖	梅　玫	焦永明	黎　元	

《中国社会科学博士后文库》
出版说明

为繁荣发展中国哲学社会科学博士后事业，2012 年，中国社会科学院和全国博士后管理委员会共同设立《中国社会科学博士后文库》（以下简称《文库》），旨在集中推出选题立意高、成果质量好、真正反映当前我国哲学社会科学领域博士后研究最高水准的创新成果。

《文库》坚持创新导向，每年面向全国征集和评选代表哲学社会科学领域博士后最高学术水平的学术著作。凡入选《文库》成果，由中国社会科学院和全国博士后管理委员会全额资助出版；入选者同时获得全国博士后管理委员会颁发的"优秀博士后学术成果"证书。

作为高端学术平台，《文库》将坚持发挥优秀博士后科研成果和优秀博士后人才的引领示范作用，鼓励和支持广大博士后推出更多精品力作。

《中国社会科学博士后文库》编委会

　　本书获国家自然科学基金重点项目"城镇化进程中的项目治理"（项目编号：71734001）、国家自然科学基金面上项目"中国基础设施金融化的形成机制、空间建构及治理响应"（项目编号：42271185）、教育部人文社科青年基金项目"发展不平衡不充分背景下城市 PPP 模式适宜性评价研究"（项目编号：18YJC630019）、中国博士后基金面上项目"中国城镇化进程中的分税制政策空间效应评估研究"（项目编号：2017M610664）资助。

摘　要

　　基础设施的投资与建设是城镇化的重要组成部分，对城镇化起着基础性支撑作用，对于增强城镇综合承载能力、改善城镇人居环境和推进新型城镇化发展具有重要意义。但是，传统的基础设施投融资和建设模式暴露了地方政府债务风险隐患、政企不分等一系列问题，亟须模式创新。政府和社会资本合作（Public Private Partnership，PPP）模式通过吸引社会资本参与基础设施建设，使其与政府形成风险分担、利益共享、长期合作的关系，是解决中国基础设施发展难题的创新模式。PPP 是一种重要的基础设施和公共服务供给模式，通过政府和社会资本的合作共同提供基础设施和公共服务，对有效促进城镇化和经济发展，促进体制机制改革具有重要的意义。PPP 在中国有几十年的发展历程，尤其是 2014 年《国务院关于加强地方政府性债务管理的意见》（国发〔2014〕43 号）（以下简称"PPP 新政"）的发布，掀起了新一轮 PPP 热潮，使中国成为世界瞩目的 PPP 热点国家。但是，PPP 的快速发展也产生了一系列问题，需要及时总结和积极解决。在全球化、市场化和城镇化叠加的发展态势下，对内要通过 PPP 推进国家治理能力现代化和供给侧结构性改革，对外要以 PPP 为桥梁促进国际交流和合作以及树立中国新形象。基于上述背景，本书尝试研究以下问题：是否存在 PPP 的"中国模式"（或中国式 PPP）；如果存在，其内涵、特征和贡献是什么；几十年来中国

PPP 实施效果如何；中国 PPP 发展存在时空差异吗，受到哪些因素影响，需要从哪些方面进行优化。

针对上述问题，本书采用多学科的视角和方法，尤其是基于地理学"过程—格局—驱动因素—机理—响应"的研究范式，综合采用历史分析、空间分析、数据分析、比较分析、理论分析等多元方法，定性和定量结合，依托中国财政部、笔者自建、英国、印度等多个 PPP 项目数据库，通过多学科、多层次、多维度的理论和视角，对 PPP 政策过程、模式特征、驱动因素、发展绩效、中外比较、国际趋势、应用效果和优化路径等进行了评估和分析。研究发现：

（1）中国 PPP 政策演化和实施并不是一个连续的、渐进的过程，而是一个间断—平衡的过程，政策的突变也带来了一系列需要治理的问题。

（2）中国 PPP 发展存在显著的不同于西方国家的特色，存在"中国式 PPP"的可能性，本书从项目、组织、政策和治理四个层面对"中国式 PPP"进行了总结和梳理。

（3）中国 PPP 发展存在时空分异的特征，中国 PPP 项目则存在时序上的波动性/不稳定性、空间上的非均衡性和应用上的反常规性等特征；PPP 发展可分为探索崛起、稳定推广、波动发展、新跃进四个阶段。前述特征主要受到国家经济发展与政策、地方政府的态度偏好及动机、地方政府的能力和信用、路径依赖等因素的影响。

（4）2014 年以来的 PPP 新政成效显著，对民生改善和经济发展都有较强的促进作用，主要是基于政府的强势地位。过强的政府主导作用固然促进了中国 PPP 的快速发展，但也产生了效率低下、政府债务危机加剧等风险，加强治理势在必行。

（5）全球 PPP 虽然具有许多共同元素和特征，但国别之间的 PPP 发展差异也很明显。尤其是 PPP 深受各个国家的经济、政治、历史、文化等因素的影响，很难存在统一的模式。受经济全球化的影响，各国 PPP 的制度和经验的交流分享有助于打造 PPP 的知识共同体。

（6）通过对旅游和海绵城市等新领域的 PPP 应用效果评估，发现 PPP 对促进行业发展成效明显，但需要进一步完善行业针对性、实施规范性和结构科学性。

（7）发展不平衡不充分对 PPP 政策和管理有显著影响，PPP 政策的制定和实施需要有政策弹性，避免"一刀切"，充分发挥地方政府的主动性和创造性，因地制宜，因地施策。

本书不仅丰富了全球 PPP 知识体系，拓展了 PPP 研究范式和视角，有助于为 PPP 的政策优化提供决策参考，也有助于树立道路自信和理论自信，在国际上讲好中国故事，构建"中国模式"，宣传推广中国经验，同时也对其他发展中国家推广采用 PPP 模式提供了经验借鉴和样本示范。

关键词：PPP 政策评估；时空格局；发展特征；影响因素；中国模式

Abstract

As an important part of urbanization, the investment and construction of infrastructure play a fundamental role in urbanization. The development of infrastructure is contributed to enhance the comprehensive carrying capacity of cities and towns, improve the urban living environment, and promote the new type urbanization. However, the traditional model of infrastructure investment, financing, and construction has caused severe problems such as local government debt risks and unclear responsibilities between the government and state-owned enterprises, which are in urgent need of model innovation. Public Private Partnership (PPP) has emerged as an innovative model to address the problem of infrastructure development in China by attracting private capital to participate in infrastructure and builds a partnership between the government and private sector of risk allocating, benefit sharing, and long-term cooperation. PPP has accelerated the supply of infrastructure and public services, promoted urban development, and facilitated institutional reform through the co-operation and co-production between the public and private sectors. PPP has been applied in China over decades. Especially the new PPP boom since 2014, which has made great achievements, and China has also become a focus of PPP attracting worldwide attention. However, over-speed development of PPP in China has also produced a series of problems, which need to be timely identified, evaluated, and optimized. In the context of intertwining of globalization, marketization, and urbanization, China should not only use PPP to promote modernization of national governance capacity and supply-side structural reform, but also take PPP as a bridge to promote international exchanges and cooperation and establish a new image of China. This book attempts to explore the following questions: Does the China model of PPP or China-type PPP exist? If so, what is the characteristics, implications, and contributions of China model? How effective has on PPP been in China over the past decades? Is there any spatio-temporal differences of PPP in China? What is the spatial pattern and impact factors of PPP in China? What is the response, measures, and policy to optimize the PPP development?

To address the above research questions, this book evaluates and analyzes the policy process, characteristics, driving factors, development performance, international trend, application effect, and optimization path of PPP from the perspective of multi-discipline especially the geography paradigm of "process - pattern - driving factors - mechanism-response", through a qualitative and quantitative combined hybrid method, which includes historical analysis, spatial analysis, data analysis, and comparative analysis based on several PPP databases such as China's Ministry of Finance, UK, and India. The major findings of this book are as follows:

(1) The evolution and implementation of PPP policy in China is not a continuous and incremental process, but a punctuated-equilibrium process. The abrupt change of policy also brings a series of problems to be resolved.

(2) There is a possibility of "China model" of PPP due to China's distinct evolutionary process, characteristics, and representative com-

pared with the Western countries. This book summarizes the model feature from the project, organization, policy, and governance.

(3) The PPP has significant spatio-temporal difference characteristics in China, and the development process of PPP projects in China could be divided into four stages, including exploration and rising, stable expansion, development with fluctuations, and new boom. China's PPP development had characteristics of fluctuations along with time series, spatial differentiation, and paradox of application. The reasons include the influence of the development of the national economy and policies, local governments' motivation and preference, as well as their competency and reliability.

(4) The new PPP boom since 2014 has achieved remarkable accomplishment, which has played a strong role in improving people's livelihood and promoting economic development. The new PPP boom is not feverish in essence, but rather a rational impulsive boom from the demand-and-supply perspective. Strong promotion of various levels of government is the decisive power of the new PPP boom, whereas the new urbanization campaign and higher requirements for quality urban infrastructure interact as market-driven forces. However, overacting of government in PPP development also produces some risks such as inefficiency, government debt crisis and collusion between government and enterprises.

(5) The development fluctuation and unbalanced spatial distribution of PPPs are a common phenomenon in different countries. Under the combined influence of factors such as economic, urbanization, political regime and social culture, there are significant differences in the PPP institution, application, and project characteristics in various countries. Under the impact of globalization, the exchange and sharing

of PPP institution and experience in various countries are conducive to building a PPP knowledge community.

（6）Through the evaluation of PPP application effect in new sectors such as tourism and sponge city, it is found that PPP has obvious effect on promoting the development of the industry, but it needs to further improve the standardization of targeted implementation and scientific structure design in the specific industry.

（7）Uneven development has a significant impact on the policy and management of PPP. This book proposed that when formulating and adjusting PPP-related policies, governments from developing countries should not only tailor the policies to its own national conditions, but also consider regional differences inside a country.

This book enriches the global knowledge system of PPP, expands the PPP research paradigm and perspective, provides a decision-making reference for the policy optimization of PPP, helps to build the confidence in the path and theory in the international community, constructs the "China model", publicizes and promotes China's experience, and provides experience and role model for other developing countries in the adoption of PPP.

Key Words：Public Private Partnership Policy Evaluation；Spatio-temporal Pattern；Development Characteristics；Impact Factors；China Model

目　录

Contents

第一章　中国 PPP 发展的时代背景

第一节　相关概念与研究范围

一、基础设施定义及研究范围

基础设施是一个常用的概念，但内涵却有着不同的解释，在不同的文献中统计口径往往不同。因此，定义基础设施的研究范围和统计口径是开展研究分析工作的基础。世界银行定义基础设施是指永久的、成套的工程构筑、设备、设施和它们所提供的为所有企业生产和居民生活共同需要的服务，包括经济性基础设施（Economic Infrastructure）和社会性基础设施（Social Infrastructure）（世界银行，1994），前者主要指公路、铁路、机场、通信、水电煤气等，后者主要指教育、科技、医疗卫生、体育、文化等。经济性基础设施尤其是交通类项目的投资建设有助于促进人口产业流动和要素集聚，从而推动城镇化发展（夏飞和陈修谦，2004；姚士谋等，2001；柳思维等，2011）。社会性基础设施则是居民生产生活的必需品，尤其是在以人为本的城镇化背景下，围绕转移人口市民化需要提供足量、均等的医疗、教育、体育、文化等基础设施和公共服务。

本书在总体分析和规模预测时采用宽口径数据，基础设施投资包括统计年鉴中电力、燃气及水的生产和供应业，交通运输、仓储和邮政业，水利、环境和公共设施管理业，居民服务和其他服务业，教育，卫生、社会保障和社会福利业，文化、体育和娱乐业七个行业。同时，考虑到数据的可得性和针对性，在分省区的时空格局分析时，基础设施仅指经济性基础设施，即城镇市政公用设施。因此，在用语上，本书的基础设施专指宽口径的广义基础设施，而用城镇市政公用设施指代窄口径的经济性基础设施。

二、PPP 定义及研究范围

PPP（Public Private Partnership）在世界各国越来越流行，但仍没有一个全球普遍接受的定义（Brogaard and Petersen，2018；Hayllar and Wettenhall，2010）。各国和国际组织对 PPP 有不同的定义。世界银行将 PPP 定义为"私营部门与政府实体之间为提供公共资产或服务而签订的长期合同，其中私营方承担重大风险和管理责任，付费与绩效挂钩"（World Bank，2016）。在澳大利亚，PPP 被定义为"公共部门和私营部门之间的长期合同，政府向私营部门支付费用，以代表或支持政府更广泛的服务职责，提供基础设施和相关服务"（Infrastructure Australia，2008）。英国将 PPP 定义为三类：在国有企业股份中引入私营部门、PFI（Private Finance Initiative）和其他安排、向更广泛的市场销售政府服务和其他伙伴关系安排（HM Treasury，2004）。在 PPP 应用中，由于各种因素，各国 PPP 的形式不尽相同，在英国使用最多的 PPP 形式是 PFI，而在其他国家，如法国，BOT（Building-Operation-Transfer）/BOOT（Building-Own-Operation-Transfer）更受欢迎。PPP 概念的模糊性和形式的多样性给学术界和实务界都带来了很多困惑（Curtain and Betts，2017），甚至不同背景的 PPP 专业人士之间也存在沟通困难，因此一些学者觉得 PPP 有时就像一种语言游戏（Hodge and Greve，2010）。从全球视角和经验来看，将 PPP 作为一个概念体系比较合理。Hodge（2016）指出，PPP 包括五个层面的含义：项目、交付方法、政策、治理工具和文化语境。本书认为，PPP 是政府和社会资本之间为了共同开发基础设施，基于合同形成的一种长期合作关系，它是一系列模式的总称，包括 BOT、PFI、TOT（Transfer-Operate-Transfer）、ROT（Rehabilitate-Operate-Transfer）、DBFO（Design-Build-Finance-Operate）等数十种具体模式。

在中国，财政部将 PPP 模式定义为政府和社会资本合作模式，是在基础设施及公共服务领域建立的一种长期合作关系。通常，这一模式由社会资本承担设计、建设、运营、维护基础设施的大部分工作，并通过使用者付费及必要的政府付费获得合理投资回报；政府部门负责基础设施及公共服务价格和质量监管，以保证公共利益最大化。经过几十年的发展，中国 PPP 经历了学习和本土化的过程，并形成了一些中国特色（Cheng et al.，2016）。例如，国有企业作为"社会资本"参与 PPP 项目，这与西方传统的 PPP 理论是存在差异的，在国际上备受争议。但从实用主义的视角出发，这又符合中国国情，满足当下中国经济发展和城镇化的实际需求，具有阶段的正当性。国有企业的技术、资金、管理和抗风险能力是民营企业无法比拟的，国有企业在中国经济体系中发挥着主导作用。而与外资企业相比，国有企业具有成本低、本地化程度高的优势。因此，国有企业已成为当前中国 PPP 的重要参与者，为中国 PPP 发展乃至经济发展都做出了巨大贡献。从长远来看，这只是权宜之计，是长期目标和短期业绩之间的一种妥协。

PPP 在中国的实践过程中，经常用到"特许权或特许经营招标"或"法人招标"等称呼。由于公共物品（如自来水厂、电厂、道路、医院、学校等）传统上一直是由政府负责提供的，引入 PPP 模式（早期主要是 BOT 模式）之后，由企业参与提供，需要政府特许授权，因此中国官方文件和企业界在实践中一般称其为"特许经营"，这是从英文 Concession 直译过来的（王守清等，2014）。

PPP 的概念有广义和狭义之分，总体而言，广义 PPP 泛指公共部门与私营部门为提供公共产品或服务而建立的长期合作关系，而狭义 PPP 更加强调政府通过商业而非行政的方法如在项目公司中占有股份来加强对项目的控制，以及与企业合作过程中的优势互补、风险共担和利益共享。但现在国际上越来越多地采用广义 PPP 的定义，作为公共部门和私营部门之间一系列合作方式的统称，包括 BOT、PFI、ABS（Asset-Backed Security）等。无论是广义概念还是狭义概念，PPP 本质上是公共部门和私营部门为基础设施和公用事业而达成的长期合同关系，公共部门由传统方式下的公共设施和服务的提供者变为规制者、合作者、购买者和监管者（王守清和刘云，2014）。

全球 PPP 的发展并不是一帆风顺的，而是与政治思潮、社会经济发展状况等要素有着密切联系。近年来，PPP 在全世界很多国家又得到了重视和推广（Bayliss and Van Waeyenberge，2018）。其中，中国的 PPP 发展尤其令人瞩目。世界和中国如此重视 PPP 的原因可能包括：①全球金融危机以来，各国经济都处于下行态势，增长动力不足，希望通过 PPP 促进基础设施建设，进而带动经济发展；②对长期占据统治地位的新自由主义经济学的反思，政府和学术界认识到市场并不总是有效的，政府应该发挥更大的作用（Stiglitz，2016）；③由于存在市场失灵（Market Failure）和政府失灵（Government Failure），需要通过政府和市场的合作发挥双方优势，共同推进资源优化配置和经济发展（Rosen et al.，2005）。

在中国的实践中，BT（Building-Transfer）也是一种常见的 PPP 模式，BT 是指企业获得政府的授权后出资和贷款为政府建设项目，在项目建成后交给政府使用，政府则一般在 2~4 年内向企业分期支付（回购）。与政府投资建设项目不同的是，政府用于回购项目的资金往往是事后支付（多通过财政拨款或其他资源如土地补偿）。BT 在中国自 20 世纪 90 年代末以来被大量应用，但因法规不完善、操作不规范，与垫资承包很难区分，特别是地方政府不顾财政实力，盲目进行基础设施建设，造成大量地方债务，仅解决了政府当时建设基础设施的燃眉之急，往往后患严重。2012 年 12 月，中央有关部门明令制止（财预〔2012〕463 号）地方政府违法违规融资行为。而且由于企业仅参与建造，没有参与运营，世界银行和亚洲开发银行等组织并不承认 BT 属于 PPP 范围。因此，本书定义的 PPP 模式不包括 BT 模式。

三、社会资本界定

在目前官方的文件中，把 PPP 通译为"政府和社会资本合作"，即把国外通用的 Private Sector 翻译为社会资本，但对什么是社会资本则没有明确的定义。在国外的 PPP 定义中，尤其是在世界银行的定义中，Private Sector 一般指民间资本或私人资本。

在我国的一系列文件中，对社会资本的定义也是不一致的。比如，《关于进一步鼓励和引导社会资本举办医疗机构的意见》（国办发〔2010〕58号，以下简称 58 号文）的主体是社会资本，而在《国务院关于鼓励支持和引导个体私营等非公有制经济发展的若干意见》（老"非公三十六条"）中的提法是非公经济，《国务院关于鼓励和引导民间投资健康发展的若干意见》（新"非公三十六条"）中则是民间资本。虽然提法不一样，但从文件的语境来看，三个概念的内涵是基本一致的。换句话说，在之前的政策文本中，社会资本、民间资本、非公经济等的概念是通用的。

《关于印发政府和社会资本合作模式操作指南（试行）的通知》（财金〔2014〕113 号）所称的社会资本是指已建立现代企业制度的境内外企业法人，但不包括本级政府所属融资平台公司及其他控股国有企业。这个定义包含了民营企业和国有企业。在一些地方政府文件的定义中，如 2010 年深圳市政府发布的《深圳市人民政府关于进一步鼓励和引导社会投资的若干意见》（深府〔2010〕81 号）对社会投资的定义如下：指除政府投资外，主要包括以集体、股份合作、联营企业、有限责任公司、股份有限公司、私营、个体等为投资主体的民间投资，国有或国有控股企业单位的投资以及以外商或港澳台商企业为投资主体的外商投资。深圳市的定义和财政部的类似，即社会资本包括民间资本、外商直接投资（FDI）以及国有企业投资。

在中国的 PPP 实践中，国有企业扮演了重要角色，最近十几年来一直在 PPP 投资中占据主导地位。虽然这与世界银行的观点相悖，世界银行也一直拒绝承认这种 PPP 项目。但考虑到中国的国情、PPP 的实践及政策的指引，本书与政策保持一致，认为社会资本的范围包括民间资本、国有企业投资和外商直接投资。

自改革开放以来，中国民间资本发展迅猛，力量雄厚，住建部政策研究中心 2011 年发布的《民间资本与房地产业发展研究报告》显示，仅温州民间资本就有 4500 亿~6000 亿元、山西约有 10000 亿元、鄂尔多斯约有 2200 亿元。但民间资本在投资渠道上一直受到限制，在经历了资源、房产、民间借贷等诸多领域的投资受挫以后，寻找合适的共赢的投资领域成为社会关注的焦点和热点。

第二节　城镇化与基础设施

一、中国快速城镇化和新型城镇化的阶段特征

一般认为，依据世界城镇化发展经验，城镇化的过程存在一个诺瑟姆曲线，即 S 曲线（见图 1-1），把城镇化过程分为三个阶段：城市水平较低、发展较慢的初期起步发展阶段，人口向城市迅速聚集的中期快速发展阶段，进入高度城市化以后城镇化率又趋缓甚至停滞的后期稳定发展阶段，整个过程存在城镇化率 30% 和 70% 两个拐点（邹德慈，2002）。改革开放以来，中国在社会经济快速增长的同时，也进入快速城镇化的阶段。城镇化率从 1978 年的 17.92% 增长到 2019 年的 60.60%，年均增长 1.04 个百分点，尤其是 1996 年后，城镇化率增长加速，从 29.37% 急速增长到 2019 年的 60.60%，年均增长 1.36 个百分点，一些省份，如广东，其间年均城镇化率超过 2 个百分点，城镇化呈现"冒进"态势（陆大道等，2007）。

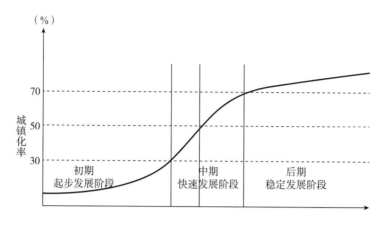

图 1-1 城镇化的 S 曲线

资料来源：笔者根据相关理论绘制。

城镇化是中国社会经济发展的重要议题和必经之路，具有举足轻重的战略意义：①城镇化是解决中国农民收入偏低和收入增长乏力、促进城乡一体化的根本途径，有助于促进城乡统筹兼顾，优化产业结构，有效转移农村富余劳动力，增加农民就业和收入渠道，构建完善的农村公共服务和社会保障体系，不断缩小城乡差距，最终实现城乡一体化发展。②城镇化是创造就业岗位和缓解就业压力的有效途径。中国人口基数大，虽然劳动适龄人口出现下降趋势，但劳动力供给总量依然持续增加，如何妥善解决就业问题是关系社会稳定大局的重要问题。城镇化进程本身能够直接和间接地创造大量就业岗位，而且有利于促进经济持续快速增长，优化产业结构，通过区域发展推动跨区域就业。③城镇化是扩大内需和保持经济快速增长的重要动力。在经济增长的"三驾马车"中，进出口疲软，投资乏力，积极扩大内需是当务之急。城镇化能够通过城镇体系的全面建设带动大量行业发展，创造巨大的市场机会，拉动投资，促进内需，进而推动经济快速增长。④城镇化是改善城乡人居环境和实现可持续发展战略的有力保障。城镇化不仅有利于节约土地和耕地资源、缓解人口耕地压力，而且有利于在不断提高人口素质的同时控制人口增长，从而确保人口、资源、环境和社会经济的长久协调发展。⑤城镇化是引领中国走向世界，积极参与全球化竞争与合作的重要舞台。全球经济发展已经越来越聚焦于城市和区域层面，有效健康的城市发展、提高城市竞争力将有效地提高中国在全球化竞争中的地位和作用。因此，可以预见城镇化仍将是今后一个较长时期内国家的战略选择。

中国的城镇化虽成就显著，但也暴露了不少问题，如城镇化率虚高、城市空间的无序扩张和过度蔓延、生态环境的恶化、土地资源浪费严重、"城市病"的凸显、转移人口市民化的严重滞后等（陆大道，2007；姚士谋等，2012）。

鉴于传统城镇化存在的问题难以适应社会经济发展的需求，必须因地制宜、顺势而为，根据中国的具体国情，走中国特色的新型城镇化道路。党的十八大明确提出了新型城镇化战略，为中国城镇化下一步的发展指明了方向。

新型城镇化以人为本，注重土地的城镇化与人的城镇化协同发展，把有序推进农村转移人口的市民化摆在更加重要的位置，实现土地开发、产业开发、人口转移三者的融合发展。注重城镇化速度和质量相统一，不盲目追求速度，从数量增长型向质量提升型转变，做到速度和质量的有机有效统一。注重生态环保和资源节约，走资源节约型、环境友好型城镇化道路，注重城镇发展与资源环境的协调，建设节约集约、生态宜居、和谐发展的城镇化。

二、城镇化对基础设施建设与投资的巨大需求

城镇化的过程伴随人口的增长和城市数量及规模的跃迁。中国的总人口从 1981 年的 100072 万人增加到 2019 年末的 140005 万人，增长了39.9%，其中城镇人口从 1981 年的 20171 万人增加到 2019 年的 84843 万人，增长了 3.2 倍。如图 1-2 所示，城市数量从 1981 年的 226 个增加到 2009 年的 654 个，增长了 1.89 倍；城市建成区面积从 1981 年的 7438 平方千米增加到 2009 年的 38107 平方千米，增长了 4.12 倍。

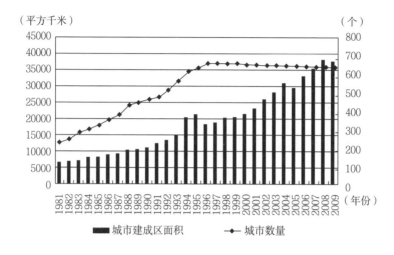

图 1-2 1981—2009 年城市数量及建成区面积

资料来源：笔者根据相关数据绘制。

城镇人口的增加和规模的扩张需要大量的固定资产投资和基础设施建设，全社会固定资产投资额从 1980 年的 911 亿元（当年价格）增加到 2012 年的 374695 亿元，增长了 410 倍，年均增长 12.8%。以基础设施为核心的固定资产投资和进出口及消费是中国改革开放以来驱动社会经济发展和城镇化建设的基本动力。基于城镇化仍将持续一个较长的时期，尤其是"三个 1 亿人"任务的深入推进，即促进 1 亿农业转移人口落户城镇、改造约 1 亿人居住的城镇棚户区和城中村、引导约 1 亿人在中西部地区就近城镇化，都需要大量的基础设施建设和投资。

2016 年发布的《国家新型城镇化规划（2014—2020 年）》关于基础设施提出了六个方面的发展指标：百万人口以上的城市，城市公共交通占机动化出行的比例，要从 2012 年的 45% 提高到 2020 年的 60%；城镇公共供水普及率，要从 2012 年的 81.7% 左右提高到 2020 年的 90%；城市污水处理率要从 2012 年的 87.3% 进一步提高到 2020 年的 95%；城市生活垃圾的无害化处理率，也要从 2012 年的 84.8% 提高到 2020 年的 95%；城市家庭宽带接入能力，要从 2012 年的 4Mbps 提高到 2020 年的 50Mbps 以上；城市社区综合服务设施的覆盖率，从 2012 年的 72.5% 到 2020 年实现全覆盖。要实现这些指标，基础设施还有很大的投资建设空间。

综上所述，在中国城镇化的进程中，不管是过去、现在还是未来，对基础设施投资建设的需求是旺盛的，中国大规模的基础设施建设仍需要持续一个较长的时期，由此产生的资金需求也是极其巨大的。

三、城镇化与基础设施的交互关系

基础设施的建设投资大、带动效应强，具有乘数效应，因此基础设施投资与经济增长的关系一直是研究的热点。一般认为，基础设施投资对经济增长具有较强的贡献度和拉动作用，基础设施建设在经济低迷的时候经常被赋予拉动内需、刺激经济的重任。经济学界对此研究较多，但结果并不一致，有研究认为二者正相关，也有研究认为二者不相关或负相关，以正相关居多（李平等，2011）。世界银行曾经指出基础设施存量增加1%，GDP就会增长1%（世界银行，1994）；刘伦武基于中国1985—2000年的数据认为，中国基础设施投资增长1%时，将带动GDP增长0.267%（刘伦武，2003）；范九利等基于1996—2000年数据得出基础设施投资对全国人均GDP水平增长的产出弹性为0.187（范九利和白暴力，2004）；郭庆旺等运用多种方法分析得出基础设施无论是总体还是构成部分都对经济增长具有较强的正影响且外生性较强（郭庆旺和贾俊雪，2006）；李强等基于1980—2010年的数据，通过误差修正模型研究认为，要使基础设施投资真正起到促进经济增长的作用，应加大人力资本投资，使基础设施和人力资本的投资相互促进（李强和郑江淮，2012）；刘生龙等通过各省份1988—2007年的面板数据分析三大网络性基础设施（交通、能源和信息基础设施）对中国经济增长的溢出效应，研究结果表明，交通基础设施和信息基础设施对中国的经济增长有显著的溢出效应，能源基础设施对中国经济增长的溢出效应并不显著（刘生龙和胡鞍钢，2010）。Aschauer通过研究分析发现，美国1949—1985年公共投资的产出弹性为0.39，公共投资对拉动经济增长具有重要作用（Aschauer，1989）。Shioji对美国和日本公共基础设施投资和经济增长关系进行比较研究，发现这两个国家公共基础设施投资对地区人均产出增长均有积极作用（Shioji，2001）。

虽然有关基础设施投资与城镇化关系的研究不多，但城镇化与基础设施投资建设之间存在紧密交互发展的关系，二者相互依托，相互协调，相互促进，密不可分。城镇化是一个综合集成的过程，涉及人口、土地、产业、文化等多种要素，城镇化进程中不管是城市空间的蔓延、人口的转移还是产业的集聚，都为基础设施的大规模投资建设提供了需求、动力和保障。只有在城镇化发展到一定阶段之后，基础设施的投资建设才会规模化、集中化、快速化。

基础设施的投资与建设是城镇化的重要组成部分，对城镇化起着基础性支撑作用，尤其是以人为本的新型城镇化，在农村人口市民化过程中，需要配套建设和提供足够的基础设施、公用事业和公共服务，公共服务均等化的前提是公共服务的足量化。基础设施的建设和运营也会创造大量的就业机会，有助于吸纳农村人口转移。基础设施建设是推进城乡统筹、消除城乡差异的重要路径。基础设施是城镇经济社会发展的物质基础和载体，为城镇居民的生产生活提供了一般条件和基本服务，是支撑城区扩张和城镇化发展的必要条件，对于增强城镇综合承载能力、改善城镇人居环境和推进新型城镇化发展具有重要意义。

基础设施与城镇化存在超前、滞后与同步三种关系，鉴于基础设施的时滞性，一般认为基础设施应当适度超前才是合理的（孙虎，2013；蒋时节等，2005）。战金艳等（2003）运用灰色关联度方法研究表明，基础设施与城乡一体化存在较强的关联度（战金艳和鲁奇，2003）。武力超和孙浦阳（2010）通过回归分析发现基础设施与城镇化之间存在较强的相关性，基础设施是城镇化的重要推动力。谭俊涛等（2014）通过构建基础设施与城镇化的指标体系，定量评价了三江平原农垦区地域类型基础设施对城镇化的影响，表明基础设施和城镇化存在较强的相关性，验证了适度超前型基础设施建设对城镇化有较大的推动作用。

四、基础设施投融资模式成因、演化及评价

1. 基础设施投融资模式成因

一般而言，国际上常用的城市基础设施投融资模式主要包括财政收入、发行市政债券和银行贷款（唐洋军，2011）。中国城镇化过程中城市基础设施建设的资金来源主要有财政资金、地方政府投融资平台和社会资本，如图1-3所示，财政资金包括税收收入（城市维护建设税等）、基金收入（土地出让金等）和公债收入（地方政府债券等），地方政府投融资平台的资金包括运营收入、银行信贷、市场化融资（信托、基金、票据、城投债等），社会资本包括私人投资和PPP等（马庆斌和刘诚，2012）。在以往的基础设施投资建设中，财政资金和地方政府融资平台扮演了主导角色，以2010年为例，政府支出中只有54%来自财政收入，其余靠以土地出让为主的基金收入和融资平台提供的银行信贷解决（财政部财政科学研究所课题组，2013）。西方国家，如美国和日本，较为普遍使用的市政债和地方政府债券

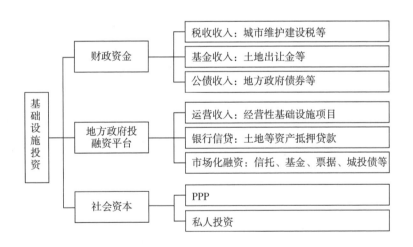

图1-3 中国城市基础设施资金来源

资料来源：笔者自绘。

在中国受到严格限制而难以实施，影响了政府融资渠道和能力（张世锋和韩守乐，2011）。随着城镇化的推进和市场经济的进一步发展，传统的投融资模式暴露出了很多问题，不可持续，亟须创新。社会资本在基础设施建设中的作用和地位将会越来越重要，以 PPP 为核心的基础设施投融资创新模式愈发得到重视和推广应用。

中国自 1994 年的分税制改革以来，现行的财政体制是典型的非对称型财政分权模式（财政部财政科学研究所课题组，2013），行政体制中的事权与财权不匹配、不均衡，财权重心上移而事权重心下移，同时缺乏科学、合理、有效、稳定的转移支付制度进行调节。地方政府财政收入偏少，且越是基层越少，却主要承担城镇及广大农村地区的基础设施建设与投资。1993—2009 年，全国财政收入增长了 15.7 倍，中央本级收入增长了 37.5 倍，而地方本级收入仅增长了 9.6 倍。中央本级收入占全国财政收入的比重由 1993 年的 22.0% 提高到了 2009 年的 52.4%，而地方本级收入从 1993 年的 78.0% 下降到了 2009 年的 47.6%（见表 1-1）。2013 年全国财政支出139744 亿元，其中中央本级支出 20472 亿元，地方本级支出 119272 亿元，地方本级支出占全国财政支出的 85.3%，而地方本级收入仅占全国财政收入的 53.4%，出现了严重的"小马拉大车"的现象。

表 1-1　2000—2010 年中央与地方政府财政收入与支出比重　　单位：%

年份	收入比重		支出比重	
	中央	地方	中央	地方
2000	52.2	47.8	34.7	65.3
2001	52.4	47.6	30.5	69.5
2002	55.0	45.0	30.7	69.3
2003	54.6	45.4	30.1	69.9
2004	54.9	45.1	27.7	72.3
2005	52.3	47.7	25.9	74.1
2006	52.8	47.2	24.7	75.3
2007	54.1	45.9	23.0	77.0

年份	收入比重		支出比重	
	中央	地方	中央	地方
2008	53.3	46.7	21.3	78.7
2009	52.4	47.6	20.0	80.0
2010	51.1	48.9	17.8	82.2

资料来源：财政部财政科学研究所课题组：《城镇化进程中的地方政府融资研究》，《经济研究参考》2013 年第 13 期，第 3-25 页。

巨额的基础设施建设投资给地方政府带来了巨大的财政压力，虽然近年来地方政府财政收入的增长率一直高于 GDP 的增长率，但总量上仍难以支撑基础设施投资建设需求（封北麟，2013）。因而，地方政府通过银行信贷等负债融资进行基础设施建设便成为一个无奈的选择（李俊文，2008），但由于预算法的限制，地方政府不能直接负债，在实践摸索中，便形成了地方政府融资平台和土地财政等具有中国特色的融资运作模式，而且二者是密切关联的。

2. 地方政府融资平台发展及评价

（1）融资平台发展概述。地方政府融资平台主要是指在地方政府或相关部门主导下成立的，为政府财政收入或相关资产提供担保，由地方政府直接或间接控制，政府授权其进行城市建设、投融资和运营的政府公司（秦德安和田靖宇，2010）。

融资平台起源于 20 世纪 80 年代末，上海市是最早成立融资平台的城市。在起步阶段，融资平台的功能定位不是融资主体，更多的是建设主体。地方融资平台的发展与经济发展和政策导向有密切的关系。尤其是两次金融危机（1997 年东南亚金融危机和 2008 年全球金融危机）时是融资平台大发展的阶段，为了应对危机，政府大力实施积极的财政政策和适度宽松的货币政策，通过扩大财政投入的方式来刺激经济，基础设施建设是其中的重点领域，而融资平台是基础设施融资建设的主体。在 2008 年全球金融危机中，全国融资平台从 2008 年上半年的 3000 家，贷款余额 1.7 万亿元迅速扩张至 2009 年末的 8221 家，贷款余额 7.38 万亿元。短短一年半的时间，地方融资平台激增 5000 多家，贷款余额膨胀了 5.68 万亿元。尤其是涌现了一大批县级融资平台，截至 2009 年末，县级融资平台 4907 家，占全部平台数量的 60%，贷款余额约 1.85 万亿元，占全部平台贷款余额的 25%。

地方政府以融资平台为载体，整合和集中资源，借助地方政府信用，间接向银行贷款进行基础设施建设，如图 1-4 所示。典型做法就是"银政合作"，地方政府和各大商业银行签订合作框架协议，将分散的建设项目，包括经营性项目、准经营性项目和非经营性项目捆绑打包，由平台公司统一履行借款和还款的责任，地方政府、地方人民代表大会常委会等出具承诺函，地方财政承诺在融资平台无力偿还债务的情况下由其统筹安排。非经营性项目和准经营性项目缺乏稳定的现金流，但又是社会急需的基础设施和公共服务项目，通过与收益较好的现金流稳定的经营性项目捆绑，统一进行还款，有效地缓解了公益性项目的建设资金不足问题，为地方政府提供公共物品和社会基本服务提供了保障。

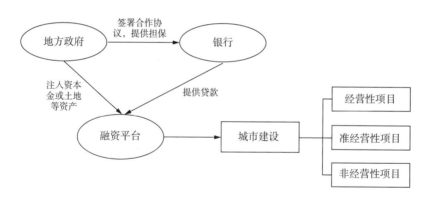

图 1-4　地方政府融资平台运营模式

资料来源：笔者自绘。

在此期间，融资平台的组织结构和运营模式也发生了改变，原来分散的土地、市政、公用事业及部分企业的所有权和经营权进行了集中整合，有效解决了开发建设中存在的管理部门多、审批程序繁琐、运转不畅、效率不高的问题，提高了效率和质量，大大地提高了城市基础设施项目的开发速度和力度。

地方融资平台的恶性膨胀和无序监管导致了地方政府负债规模不断扩大，加剧了地方财政风险，成为影响宏观经济健康稳定和可持续发展的重大隐患（崔健等，2013）。在这种情况下，国务院发布的《关于加强地方政府融资平台公司管理有关问题的通知》（国发〔2010〕19号）等文件对地方融资平台及时进行了清理和规范。中国银监会也发布了《关于切实做好2011年地方政府融资平台贷款风险监管工作的通知》，银行严格控制地方政府融资平台新增贷款。其后，国家发展和改革委员会等部门一再发文严格规划城投债、私募债等融资平台融资渠道。在国家严格的监管和调控下，地方政府融资平台数量、规模和融资渠道等受到压缩和限制，融资平台的功能逐渐弱化，基础设施的融资模式创新再次提上日程。

（2）融资平台评价。中国地方政府融资平台的主要特征有以下几点：①行政色彩浓厚。融资平台依托地方政府信用运作，需要地方财政间接承担偿债责任，资本金靠地方政府注入资金或土地等资产（封北麟，2009）。②融资渠道多元化，资金来源以银行信贷为主，以企业债券、票据、信托、IPO等市场化融资手段为辅。融资平台成立初期，地方政府会投入一定比例的财政资金作为融资平台的自有资本金，并以此为基础进行融资，财政资金仅起到导向和杠杆作用，因此融资平台的杠杆率和负债率相对较高（钟培武，2014）。③融资平台的资金主要投向城市基础设施建设等，为社会提供公共产品（邹晓峰，2012）。④融资平台存在较显著的区域差异。以贷款余额为例，长三角、珠三角和环渤海地区三大经济发达区域的融资平台贷款余额分别占贷款总额的30%、11%和20%，合计占61%；而东北地区、中部地区和西部地区等经济发展程度相对较低区域的融资平台贷款余额分别约占贷款总额的8%、14%和17%，合计约占39%，三大经济发达区域的融资平台贷款余额约为东北地区和中西部地区的2倍。

由地方政府融资平台的发展历程可以看出，融资平台通过规避预算法限制，运用多元化融资渠道，扩大政府资金来源，有效解决了地方政府城市基础设施投资建设的资金缺口，有效满足了地方政府基础设施建设融资需求，对促进城市基础设施建设，推动宏观经济和城镇化的快速发展起到了重要作用（冯静，2009）。但是由于其自身固有的一些缺陷，如行政主导、地方政府信用担保、监管约束体系不完善、缺乏信用评价机制、风险管理薄弱等，地方政府负债严重，影响了社会经济和城镇化的健康稳定大局。在经济转型升级和新型城镇化战略稳步推进的形势下，一方面需要对地方政府投融资平台进行规范化、市场化、透明化改革（巴曙松，2009）；另一方面需要充分发挥市场在资源配置中的决定性作用，深化基础设施投融资模式创新，通过PPP等模式积极鼓励和引导社会资本进入基础设施领域（贾康和孙洁，2011）。

3. 土地财政发展及评价

对"土地财政"并没有严格的定义，一般指的是20世纪80年代末以来，随着土地有偿使用制度的确立和推广，地方政府利用中国土地二元体制和行政垄断权力，通过将土地低价收储高价出让从而获取了大量资金用以支撑基础设施建设和城镇开发的一种模式（唐在富，2012）。地方政府与土地相关的收入大致包括：①土地出让收入，地方政府通过"招拍挂"（招标、拍卖、挂牌）出让国有建设土地的收入。②土地税费收入，地方政府通过土地开发获得的税费收入，可分为直接（土地一级开发）和间接（土地二级开发即房地产开发）税费收入、近期（一级开发及出让）和远期（土地开发带来的产业开发）税费收入。③土地投融资收入，尤其是地方政府通过融资平台以土地为抵押或以土地出让收入作为资金来源，如从银行、信托、基金、债券市场等获取的资金（蒋震和邢军，2011）。在土地相关收入中，土地出让收入的比重是最高的，以西部某城市为例，在土地收入总量中，土地出让收入、土地税费收入（直接）、房地产业税收收入（间接，地方分成部分）的占比大致为7：1：2（贾康和刘微，2012），因此，土地财政一般是指土地出让收入。

政府融资平台作为政府投融资的载体，通常也被赋予了对土地一级开发市场的垄断权力和政府代理职能，许多政府融资平台通过实行土地储备制度，利用土地的出让和抵押为城市基础设施建设筹集了巨额的资金（赵全厚等，2014）。2013 年全国政府性基金收入共计 40 多项，总规模52238.61 亿元，相当于全国公共财政收入的 40.1%，其中地方政府性基金收入规模 48006.9 亿元，占全国政府性基金收入的 91.9%，地方政府性基金收入最多的项目是国有土地使用权出让收入，占比达到了 86.9%，其他的还包括国有土地收益基金收入、新增建设用地土地有偿使用费收入和农业土地开发资金收入等，都与土地高度相关（财政部财政科学研究所课题组，2013）。土地收入已经成为地方政府收入的支柱和主要渠道。

土地财政在空间格局上存在显著区域差异。以 2010 年为例，京津沪等相对发达 9 省市的土地出让收入约占全国的 2/3，而中西部地区土地出让收入仅占全国的 1/3。中西部地区经济欠发达，城镇化程度较低，基础设施建设资金缺口更大，对土地收入的需求更为旺盛，但土地收入却偏低，原因可能在于东部地区城市密集，社会经济发展水平高，地价高，企业对土地需求大，土地供不应求，因而总体土地收入高。

但是，随着宏观政策的紧缩、土地出让的规范化和土地开发成本的提升，土地财政在城镇化和基础设施建设中的作用逐渐降低。2007 年，土地出让收入全部纳入基金预算管理，土地出让收入缴入国库后，扣除当年从地方国库中实际支付的征地和拆迁补偿支出、土地出让前期开发支出、计提农业土地开发资金支出、补助被征地农民社会保障支出、保持被征地农民原有生活水平补贴支出、支付破产或改制企业职工安置费支出、支付土地出让业务费支出、缴纳新增建设用地土地有偿使用费等开发成本项目后剩余部分确定为土地出让净收益。从前土地出让收入扣除开发成本后还能剩余一半多净收益，但近年来许多地方净收益只有不到四成，甚至更低。尽管中央政府不参与地方土地出让净收益分配，但自 2011 年以来相继出台了净收益中安排三个 10% 部分（或不低于 10%）分别用于计提教育资金、农田水利建设、保障性住房建设和棚户区改造，有些省份为了保证上述政策性建设资金，把原来按土地出让净收益的 10% 计提，调整为按土地出让总收入的 5% 计提，用于保障性安居工程建设或教育。计算下来，土地出让收入中大约不到两成是地方政府可以灵活用于城市基础设施建设等公共投资的（财政部财政科学研究所课题组，2013）。

随着以人为本的新型城镇化的逐步推进，转移人口引致的城市基础设施的投资建设仍然有很大的需求空间，快速城镇化时期政府以融资平台和土地财政为支撑的投融资模式充分暴露了种种痼疾，面临转型创新。在多重诉求叠加之下，PPP 模式以其特有的优势成为基础设施投融资模式创新的重要选择。

五、PPP 模式的独特优势和应用前景

1. PPP 模式的优势

PPP 是一系列模式的总称，包括 BOT、DBFO、PFI 等模式，其中 BOT 又可分为 BT/TOT/BOOT 等十余种变形模式（王守清和柯永建，2008）。PPP 指企业获得政府的特许经营权，提供传统上由政府负责的基础设施、公用事业的建设与服务，并通过在特许经营期内运营收回投资和获得合理收益，期满后无偿移交给政府（Wang et al.，2005）。PPP 具有缓解政府资金紧张、提高效率和质量、合理分担风险、转变政府职能等优点，以及项目融资、风险隔离、有限追索的特点（Ke et al.，2010）。通过 PPP 可以推动体制机制改革，促进深化市场经济。

传统做法将公共服务提供（或安排）和服务生产混为一体，政府全权包办基础设施及公用事业的规划、建设、投资与运营，这样做的结果就是政府财政压力大、负债严重、资金利用效率不高、基础设施建设严重滞后等（Bel et al.，2013）。审计署 2013 年 12 月公布的地方政府债务数据显示，截至 2013 年 6 月底，地方政府负有偿还责任的债务为 10.89 万亿元，负有担保责任的债务为 2.67 万亿元，可能承担一定救助责任的债务为 4.34 万亿元。此外，截至 2012 年底，部分地方政府负有偿还责任债务的债务率高于100%。国际民营化专家萨瓦斯提出，政府提供公共服务并不意味着一定要政府生产服务，政府的作用应当是掌舵，而不是划桨（萨瓦斯，2002）。

BOT 最早是由土耳其前总理奥扎尔于 1984 年提出的，而 PPP 的概念是20 世纪 90 年代最早在英国提出的，经过多年的发展，在西方国家形成了一套较为成熟的理论体系、实施机制和运行模式（Broadbent and Laughlin，2003）。PPP 作为一种新兴的融资模式，已经在国内外发展基础设施和公用事业项目的实践中证明具有极强的实用性和生命力（Biswas，2003；Hwang et al.，2013；Vining，2008）。

对于政府而言，在基础设施领域采用 PPP 模式，具有的好处包括以下方面：吸引社会资本及资源，缓解财政压力；提高公共工程的建设和管理水平，有利于提高政府部门管理水平，提高地方政府的战略规划、项目管理、谈判能力和复杂合同管理能力；有利于降低项目全周期的成本，社会资本承担设施的维护和运营成本，有助于提高项目的设计和施工质量，促使其为项目引入新的技术、技巧、专业知识和经验，优化项目投资和维护方案，将项目生命周期成本降至最低；有利于提高投资效益、资金使用效率、运营效率和服务质量；有利于减少地方政府债务，避免政府由于建设基础设施而大举借债（王守清和柯永建，2008；王灏，2004；贾康和孙洁，2009）。

PPP 是交叉学科，研究及实践涉及经济、金融、法律等各方面相关理论。近年来的研究热点集中于风险管理、财务评价、物有所值（Value for Money，VfM）、产品定价、特许经营期、相关特许权条款、公共参与等问题（Ahmed and Ali，2006；Daube et al.，2008；Eriksen and Jensen，2010；Ke et al.，2010；Sobhiyah et al.，2009；Zhang，2011；Zou et al.，2008；邓小鹏等，2009；柯永建等，2008；李启明等，2010；汪文雄和李启明，2010；王增忠等，2008；Pollock et al.，2002）。学者常用的理论包括：委托—代理理论、公共物品理论、博弈论、实物期权理论、系统工程理论、计量经济学理论等（Medda，2007；赖丹馨，2011；陈曦和王松江，2010；陈浩等，2012；柯永建等，2007；梁伟和王守清，2012），常用的研究方法则包括德尔菲法、问卷调查、层次分析法、模糊评价方法、专家访谈、焦点小组研讨、案例分析和蒙特卡洛模拟等（Ke et al.，2009；Tang et al.，2010；Xu et al.，2012；李尧，2012；戴大双等，2005）。

PPP 模式在国外应用较广泛，在市政、能源、交通、教育、医院、监狱、国防等诸多领域都得到了推广应用（Acerete et al.，2011；Chinyio，2005；Garvin，2010；Henjewele et al.，2014；Medda et al.，2013；Murphy，2008；Roumboutsos and Macário，2013）。但需要明确的是，PPP 并不是万能的，即使是在开展 PPP 较早和较多的西方国家，PPP 项目无论是项目数量还是投资额，也只占全部项目的 15%～25%（1/6～1/4）。而且，PPP 的作用和必要性在国外也是一直存在争议的（Fisher，2005；Grimsey and Lewis，2005）。

2. 国内 PPP 实践概述

中国于 20 世纪 80 年代引入 PPP/BOT 模式，1985 年由香港合和实业公司与深圳经济特区电力开发公司合作兴建的深圳沙角 B 电厂是第一个 BOT 项目，该项目于 1999 年成功移交。1995 年，原国家计委开展了 BOT 试点，首批确定五个项目，其中来宾 B 电厂是国家批准试点的第一个实施的国家级 BOT 项目。迄今为止，中国的 PPP 模式应用历经波折，有高潮有低谷（魏啸亮，2007），应用的 PPP 项目虽然缺乏官方的权威统计数据，但总数应该在 1000 个以上，涵盖了能源电力、高速公路、桥梁隧道、水务（含供水和污水处理）、垃圾处理、地铁、体育场馆等领域，绝大多数项目处于建设和运营期，少数已经移交。中国应用得比较多的 PPP 模式是 BOT，除此之外，根据中国的基础设施领域的实际特点，还应用了 TOT、BT、BOOT、BOO 等多种衍生模式（柯永建等，2007）。不同领域中应用 BOT/PPP 的具体方法不尽相同，所采取的形式和着重考虑的因素也不完全一样（王守清和梁伟，2011）。

以水务 PPP 为例，水务 PPP 项目按是否有直接收益可分为两大类：一类是经营性项目，另一类是非经营性项目（李明和金宇澄，2007）。经营性项目包括自来水厂、污水厂等，非经营性项目包括市政管道、河道整治、防洪工程、环境水利设施等。经营性项目由于具有稳定的收益来源，容易市场化，因此也是开展 PPP 较早、较成熟的领域（Zhong et al.，2008）。自1996 年成都第六水厂开展 PPP 项目以来，先后产生了以成都第六水厂 BOT、北京第十水厂 BOT、安徽王小郢污水厂 TOT、兰州水务集团股权转让等为代表的大量水务 PPP 项目，遍布全国各地。PPP 模式已经成为经营性水务行业发展的主导模式，也为其他领域的 PPP 实践提供了经验借鉴：①政府的有效扶持和指导。原建设部在总结实践经验的基础上先后出台了《市政公用事业特许经营管理办法》《关于加快市政公用行业市场化进程的意见》《城市供水特许经营协议示范文本》《城市污水处理特许经营协议示范文本》等相关规范性文件和示范文本，许多地方也出台了当地的特许经营办法，虽然不够完善和深入，但初步具备了制度基础，极大地推动了市政公用事业的市场化。②普遍采用招投标制度。通过公开竞争形式选择投资人，有效降低费用、提高效益，运作规范有效，也使地方政府更有主动权，避免暗箱操作，维护了公共利益。③形成了相对成熟的招商模式。在早期的 PPP 项目中，前期工作（从立项、招商到开工）时间长、费用高，随着项目的积累总结，形成了相对成熟的招商模式和工作模板，使前期交易费用大幅度下降，前期工作时间大幅度压缩，有力促进了 PPP 项目的进一步运作。④投资人融资模式的多元化。水务行业收益稳定，但收益率不是很高，内部收益率（IRR）普遍为 8%~12%。在早期的实践中，融资渠道较为简单，只有银行贷款，随着金融市场的成熟，逐渐涌现了 IPO（企业上市）、企业债、信托等多元化融资模式。⑤内资占据主导地位。投资人早期以外资企业为主，但随着经济的发展和 PPP 应用的推广，民企和国企逐渐崛起，尤其是国企由于融资和实力上的优势，在市场上独占鳌头。⑥推进政府职能转变。通过 PPP，政府从所有者、经营者、监管者等多元一体角色向所有者、监管人转变，实现所有权和经营权的分离，政府更多地承担起监管和维护公共利益的职能，但仍处于转变过程中。

在中国城镇化的进程中，尤其是以新城新区为载体的城市空间增长过程中，PPP 模式获得了较大的应用空间，尤其是新城新区开发中的基础设施建设，大量采用了 PPP 中的 BOT 和 BT 模式。但同时也应看到，以往的 PPP 应用侧重于单个项目和小项目，投资较小，所起的作用也有限，政府仍然是投资建设的主体。类似于北京地铁四号线和国家体育场（鸟巢）这样的大项目，由于投资大、风险高，一般的民营企业缺乏资金、经验和技术人员储备，难以承担，在投资人的选择上范围有限。此外，在园区的整体开发中也出现了 PPP 尝试，如华夏幸福基业和固安县政府合作开发的固安产业园区就获得了较大的成功。

2014 年后，随着新型城镇化的深入推进、经济增速下行压力较大和地方债务问题突出，在财政部的主导下，国家力推 PPP 模式，国务院各部委和一些省份先后出台了多项政策，推出了众多 PPP 试点项目。这一时期特征如下：①政策密集，据不完全统计，2014—2018 年国家部委出台的与 PPP 相关的文件多达 65 份，各省级行政区政府层面出台的 PPP 文件 66 份；②PPP 项目推广试点力度空前，各地通过各种媒体形式如现场招商会、网络平台等推介当地 PPP 项目，财政部于 2014 年、2015 年先后公布了两批共 236 个示范项目，通过示范项目加强引导；③金融支持方式多元，随着 PPP 形势趋好，金融机构对 PPP 业务越发重视，在传统的银行信贷基础上，金融机构积极探索适合 PPP 项目特点的信贷产品，如排污权、收费权、特许经营权、预期收益、政府购买协议质押等融资及 PPP 产业基金等，企业债券、公司债券、票据、信托、项目收益债券、资产证券化等市场化融资渠道不断拓宽，政府也出台了实施 PPP 项目以奖代补、公共基础设施项目享受企业所得税优惠、PPP 项目发债和设立产业基金等支持政策，进一步从财政资金方面支持 PPP 发展。

PPP 模式是推进政府职能转变的重要举措，在 PPP 模式的推动下，地方政府的规则和做法发生了变化。虽然 PPP 项目在推进中会遇到部分相关职能部门和旧有制度的阻力，但随着 PPP 模式的深入推进，以及法治规则、契约精神、市场观念的普及，地方政府逐渐适应和接受了理念和职能的转变。PPP 模式还为传统的财政投入体制和管理方式带来了新的变化，PPP 项目全生命周期的预算管理有助于完善财政管理方式，从以往的"单一年度"预算收支管理，逐步转向跨年度、中长期预算平衡规划管理，特别是有助于在当代人和后代人之间公平分担财政投入，实现财政管理的代际公平，有利于减轻当期财政支出压力，平滑年度财政支出波动。在地方财力紧张的情况下，PPP 模式既减轻了地方财政支出压力，也加快推进了受财力限制而搁置的基础设施和公共服务项目。

六、区域不平衡发展对 PPP 的影响

中国的城镇化经过改革开放以来 40 多年的快速增长，已经进入以人为本注重质量的新型城镇化阶段（陈明星等，2019）。规模效益递增和知识外溢等因素导致经济活动存在空间上的集中，因此无论是全球还是一个大国，区域发展不平衡是一个正常的经济现象（Krugman，1998）。政府如果过度强调区域平衡，只会削弱国家竞争力，效果也不佳。总之，政府不可能在所有地区同时实现经济繁荣，但政府可以通过制定合理的政策促进不同地区人们生活水平的趋同（胡鞍钢等，2015）。换言之，不平衡的经济增长和社会和谐发展可以并行不悖，相辅相成（肖金成和安树伟，2019）。从这个意义上讲，PPP 作为一种重要的干预政策，通过加快欠发达地区的基础设施和公共服务建设，有助于社会和谐发展和公共服务均等化。新型城镇化和经济新常态叠加的新时代，对 PPP 也提出了新要求，迫切需要 PPP 做出响应和优化。

1. 基础设施不平衡、不充分的发展现状需要破解

党的十九大报告提出，我国社会主要矛盾已经转化为人民日益增长的美好生活需要和不平衡不充分的发展之间的矛盾。发展不平衡不充分不仅表现在社会经济领域，也体现在基础设施和公共服务领域。中国的基础设施和公共服务供给差异不仅体现在区域之间，如东部地区和中西部地区（王晓玲，2013），也体现在具体领域，如农村基础设施（李萍萍等，2015）、交通基础设施（谭建新和杨晋丽，2009）、环境治理（毛晖等，2014）、公共投资（晏朝飞，2017）等。如何破解区域之间、城乡之间的基础设施和公共服务的不平衡不充分是新时期的重要工作和挑战（陈鸿宇，2017）。考虑到中国基础设施和公共服务的缺口较大、任务较重，依靠政府的财政支出和单一主体显然难以支撑，利用 PPP 模式引入社会资本，发挥社会资本的专业优势和灵活机制，政府和企业共同加快基础设施和公共服务建设是切实可行的路

径（Song et al.，2016；Wang et al.，2017；Yuan et al.，2018）。

2. 农村转移人口市民化引致的 PPP 需求增加

城镇化的"三个一亿人"任务以及全面放宽城市落户条件，将会吸引大量的农村富余人口转移到城镇，需要为转移人口提供均等足量的基础设施和公共服务，如教育、医疗和保障房等（巴曙松，2013）。传统的政府"大包大揽"的模式不仅受资金约束严重，周期长，而且效率低下，难以有效满足转移人口市民化的迫切需求（程哲等，2016）。因此，通过 PPP 模式引入社会资本，政府和企业共同提供基础设施和公共服务成为切实可行的途径，也是基础设施领域供给侧结构性改革的重要举措。

3. 人口收缩与流动带来的区域发展差异需要区别对待

城市人口并不总是增长，部分城市在人口峰值过后迎来人口收缩是一个不可避免的趋势（杨振山和孙艺芸，2015）。经过几十年的快速城镇化和大量人口迁移，目前中国的人口分布呈现人口集聚和人口流失并存的双向流动新格局（Qi et al.，2016）。一方面，大量的农村和小城镇人口流向大中城市，大量的人口从东北和中西部地区流向东部地区（蔡建明等，2007）；另一方面，大量人口流出，导致人口机械增长趋缓甚至下降，出现了"收缩城市"（Shrinking Cities）和"空心村"现象（刘彦随和刘玉，2010；龙花楼等，2009；吴康等，2015；龙瀛和李郇，2015；Yang and Dunford，2017）。城市收缩不仅体现为人口的流失，还反映在社会、经济、空间、环境等衰退，导致人力资源匮乏、公共财政危机、土地与建筑空置等一系列问题（高舒琦，2015）。城市收缩和人口扩张导致了各个城市对基础设施的需求存在较大差异，大城市基础设施和公共服务的缺口和部分城镇公共服务的过剩并存是当前的一个重要现象。这就要求不同区域的地方政府在采用 PPP 模式建设基础设施和提供公共服务时要根据当地人口趋势合理推进。

4. 地方官员绩效考核带来的 PPP 异化需要调控

地方政府的财政收入和官员的考核取决于本地 GDP 发展和财政收入，因此具有强烈的发展地方经济的冲动（李郇等，2013）。此外，中国自 1994

年的分税制改革以来，现行的财政体制是典型的非对称型财政分权模式（财政部财政科学研究所课题组，2013），行政体制中事权与财权的不匹配导致财权重心上移而事权重心下移，同时缺乏科学、合理、有效、稳定的转移支付制度进行调节，这就迫使地方政府通过其他途径，如土地财政和融资平台等，筹集资金进行基础设施建设，进而带动经济增长（贾康和刘微，2012；赵燕菁，2014；邹晓峰，2012）。2014年以来，为了防范地方政府债务风险，地方融资平台和土地财政受到了严格清理整顿（项后军等，2017）。为了延续通过高投资刺激形成高增长的发展模式，各级地方政府只能通过PPP促进经济增长，导致一些地区PPP的发展过热，特别是或有债务激增和短视行为严重，这需要用空间治理手段来约束地方PPP的盲目发展。

5. 乡村振兴和城乡融合发展等新任务推动PPP实施的变化

乡村振兴、城乡融合发展和区域协调发展等都是党的十九大提出的未来一个时期的重点任务，也是传统PPP应用较少但大有可为的领域。由于乡村振兴和城乡融合发展涉及的PPP项目，如现代农业、休闲农业、乡村旅游和康养、设施农业、乡镇学校和卫生以及公路供水电网物流等农村基础设施，大部分属于无收益或收益不足以覆盖成本但公益性较强的非经营性或准经营性项目，且大部分位于财力较差的乡村和欠发达地区，对目前PPP过度强调使用者付费项目和财政承受能力红线"一刀切"的现行政策提出了挑战。

6. 以城市群为主体协调发展的城镇格局对PPP提出了更多需求

《国家新型城镇化规划（2014-2020年）》明确指出，城市群是支撑全国经济增长、促进区域协调发展、参与国际竞争合作的重要平台。城市群的一体化发展涉及基础设施和公共服务设施跨区域互联互通和共建共享，尤其是城市群内中心城市及周边中小城市的公共交通主导交通网络体系建设和非核心功能及产业疏解都为PPP模式的应用提供了巨大的市场需求（巴曙松，2013）。此外，城市群内部跨区域PPP项目对不同等级、不同规模城市之间的合作机制也提出了挑战，将会促进城市群一体化管理机制的提升。

7. 城市从增量发展向存量发展为 PPP 发展厘清了方向

2015 年中央城市工作会议进一步强调应坚持"限定容量、盘活存量、做优增量、提高质量"的城市发展方向，城市发展从以新区为载体的增量发展转向以更新改造为主的存量发展（于洋，2016）。这对 PPP 的发展方向产生了极大的引导作用，以新城新区开发为载体的 PPP 项目大幅度萎缩，而以旧城改造城市更新为主的 PPP 项目持续增加，在具体模式上，TOT、ROT、O&M（Operations & Maintenance）等模式的比重将会增加。此外，随着污染防治和可持续发展议程等目标的贯彻落实，迫切需要通过 PPP 推进城市绿色低碳发展。

第三节 数据来源

一、国内 PPP 项目数据来源与采集

相对于其他发达国家，如加拿大、英国、澳大利亚等，2014 年以前中国没有官方的 PPP 项目数据库。截至 2018 年底，世界银行的 PPI（Private Participation in Infrastructure Database）数据库，共收集了 1488 个中国 PPP 项目信息，但该数据库的项目范围包括所有权转让（Divestitures）、管理租赁合同（Management and Lease Contracts）、特许经营（Concessions）和新建项目（Greenfield）等，属于广义 PPP，范围过宽，与国内官方的 PPP 模式定义存在较大差异。此外，PPI 数据库的 PPP 项目投资人不包含国有企业，但国有企业恰恰是国内 PPP 项目的社会资本主体。忽视这一现实，难以全面、客观地反映中国 PPP 发展的全貌。

目前，中国官方建有财政部与国家发展和改革委员会两个 PPP 项目库，2015 年，国家发展和改革委员会建立了 PPP 项目库，2016 年初，财政部的

PPP 项目库也正式开始运行。两个项目库的项目既有重合又有不同。相较而言，国家发展和改革委员会的 PPP 项目库更新较慢，而财政部的 PPP 项目库一直处于更新状态。此外，在信息的公开程度和检索方面，财政部的 PPP 项目库也做得更充分（但项目库仅包含少量的 2014 年之前的 PPP 项目）。因此，本书拟选择财政部的 PPP 项目库作为数据来源。

为了补充 2014 年之前的中国 PPP 项目数据，本书通过关键词检索的方式在搜索引擎上收集 2014 年前公开发布的 PPP 项目数据。遴选原则包括：①项目已经完成社会资本招商（确定投资人，如公开招标项目必须是完成招标）；②不包含 BT 项目；③截止时间为 2013 年 12 月 31 日；④不含港澳台地区。笔者构建了一个三阶段的 PPP 项目库构建方法，如图 1-5 所示，将

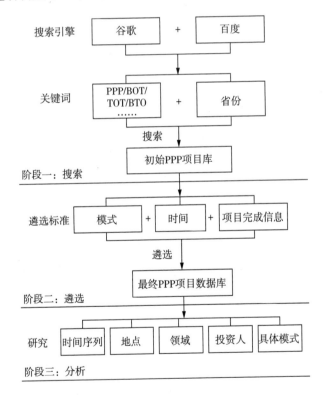

图 1-5 2014 年之前中国 PPP 项目数据库构建思路

资料来源：笔者自绘。

上述数据库与财政部 PPP 中心的项目库合并作为本书的基础数据库。具体包括：①以"PPP/BOT/TOT/BOOT/BOO/ROT/BTO"等加"省份"为关键词，在百度和谷歌等主流搜索引擎进行关键词搜索，获取原始项目数据；②根据前述原则对原始项目进行筛选，形成最终的项目库；③对项目库进行属性、时空格局、相关性及演化分析。

二、国际 PPP 项目数据来源与采集

由于本书需要开展国际比较研究，涉及印度和英国的 PPP 项目数据。印度数据来源于 PPPinIndia 的官方 PPP 数据库①。本数据库涵盖了不同政府部门的全部的 PPP 项目信息。这个数据库是由印度的财政部（Ministry of Finance）、经济事务部（Department of Economic Affairs）、基础设施局（Infrastructure Division）、PPP 中心（PPP Cell）等联合开发的。所有的项目都已经进入实施阶段，即处于施工前、施工中或运行维护阶段。截至 2016 年底，数据库中所有 PPP 项目，包括时间显示"Not Available"的，共有 1548 个。

英国的数据来源于 Partnerships UK 的官方 PPP 项目数据库②。数据库的 PPP 项目时间为 1987—2009 年，数据库官方称有 920 个 PPP 项目，但对里面的明细项目加总只有 PPP 项目 841 个。2009 年之后的数据根据英国财政部的数据进行了补充，网址为 http：//www. hm - treasury. gov. uk/infrastructure_ data_ pfi. htm。合计有 PPP 项目 1573 个，时间为 1987—2013 年。项目全部处于融资关闭（Financial Close）阶段。

---

① https：//infrastructureindia. gov. in. www. infrastructureindia. gov. in。
② http：//www. partnershipsuk. org. uk/PUK-Projects-Database. aspx。

第二章　中国PPP模式特征及理论分析

第一节　中国PPP发展回顾及政策演变过程

经过多年的发展，中国PPP面临一个关键问题：PPP到底是一种具有世界普适性的模式，还是一种地方性的模式？如果是前者，那么国外的PPP经验和制度可以直接套用。如果是后者，那么应当存在具有中国特色的PPP"中国模式"。如果存在中国式PPP，其内涵、演化过程和特征又是什么？尤其是中国特色社会主义进入新时代，提出了新任务，与经济全球化等交织在一起，赋予了PPP更重要的内涵、更关键的任务，因此需要更积极的新探索和新响应。

中国的PPP发展深刻地嵌入中国改革开放的历史进程，受到政治经济、社会文化、城镇化等多元宏观因素的影响，同时受到财税金融制度、市场经济体系等基本制度演化的制约。因此，只有立足演化、具化、流化的视野，才能深刻认识中国PPP的演变过程、具象特征、形成机理和发展趋势。

一、中国PPP发展回顾

中国的PPP实践比较早，20世纪80年代就有了第一个PPP项目——沙角B电厂BOT项目。此后的几十年，中国PPP存在非线性发展，虽然在发展阶段划分上存在争议（Cheng et al.，2016），但一般认为存在三个发展热潮：第一次是 20 世纪 90 年代，由原国家计委主导；第二次是 20 世纪初期，由原建设部主导；第三次就是 2014 年以来，由财政部主导（王丽丽，2006；Ke et al.，2014）。大体而言，中国 PPP 发展存在以下特征：①中国 PPP 发展与经济和城镇化发展需求密切相关，如 20 世纪 90 年代，中国进入快速城镇化阶段（陆大道等，2007），对基础设施的需求大幅增加，PPP 迎来了第一个热潮，同时由于这个时期国内资金缺乏，国有企业和民营企业都处于发展低谷，外商直接投资（Foreign Direct Investment，FDI）和外商投资企业成为国有企业 PPP 的主角（程哲等，2018）。②中国 PPP 项目存在显著的时空分异格局，不同时期不同省份的 PPP 项目应用差异较大，如 2014 年之前是东部地区多中西部地区少，2014 年之后恰恰相反（程哲等，2018）。③PPP 适用范围不断扩大，2014 年之前的中国 PPP 主要是以特许经营为主，2014 年之后政府付费 PPP 项目急剧增加，适用领域从最初的以能源、交通、水务、市政等经营性项目为主扩大到 19 个领域。④PPP 制度趋于完善，中国 PPP 起步于学习和模仿，经历了一个由效率导向到规范导向的过程，PPP 的运作流程、实施文件、模式指南、风险评估、合同范本等存在一个由粗陋到完善的过程，2014 年之后引入了国际上流行的物有所值评价（Value for Money）、财政承受能力论证等过程评估手段。

二、中国 PPP 政策演变过程分析

中国改革开放以来的政策制定和执行是一个渐进式空间扩散方式，是一个是由点到面，自上而下和自下而上双向结合，集权和放权结合的过程。也就是说国家政策一般倾向于在特定地区试点，获得地方积累的经验及教训后，由中央政府进行总结和评估再适度推广或全面铺开，这是我国过去几十年经济发展及政策推广的主要路径，也是中国改革开放取得成功的宝贵经验之一（韩博天和石磊，2008；刘伟，2015）。中国的 PPP 政策制定及执行以 2014 年为断点可以划分为两个阶段，存在鲜明的阶段性差异特征。

2014 年之前的中国 PPP 政策制定和执行，基本体现了"试点—总结—扩散—学习"的渐进式政策过程。比如，20 世纪 90 年代的第一次 PPP 热潮，原国家计委只是颁布了一个略显简单粗略的文件——《关于试办外商投资特许权项目审批管理有关问题的通知》，并确定了来宾 B 电厂、成都第六水厂等五个试点 BOT 项目，赋予了地方很大的自主权进行摸索和创新，在试点项目成功的基础上总结经验，通过政策学习机制向全国其他地区自主性推广。第一次和第二次 PPP 发展热潮基本遵循这种模式，概言之：①中央政府部门制定数量极少且具有很大自由裁量权的指导政策文件；②自下而上和自上而下结合，以自下而上为主，各级地方政府和社会资本拥有较大的话语权和自由裁量权；③实践导向和结果导向，官方的政策和制度文本较少，PPP 模式的操作流程和制度文件更多的是以成果文件形式通过企业为载体进行传播和推广；④地方政府部门和企业主动性创造性强，涌现和形成了一批具有较强示范性、创新性的 PPP 项目，如来宾 B 电厂 PPP 项目和北京地铁四号线 PPP 项目等。

2014 年以来的 PPP 政策摒弃了过去那种漫长稳妥的渐进式政策过程，采用了高烈度的全盘推进的运动式政策制定和执行方式。据不完全统计，2014—2016 年仅中央各部委就出台了 60 多个 PPP 相关文件，全国各个省份都得到了推广应用，适用的领域 19 个，基本涵盖了基础设施和公共服务的大部分领域。这一时期的政策过程特征可概括如下：①中央政府高位推进，严格贯彻压力型体制，以自上而下为主，普遍采用政治型执行方式，把 PPP 纳入领导考核范围；②过于强调 PPP 的规范性，压制乃至扼杀地方政府和企业的主动性、创新性；③采用先普遍推广后清理整顿的政策执行方式，固然成就突出，但也带来了严重的资源浪费和政策后遗症；④PPP 政策的府际冲突和前后冲突现象突出，政策可预期性较低，影响政策末端执行的效果和效率。

三、中国 PPP 政策问题识别

对过去几十年尤其是 2014 年以来的 PPP 政策过程进行梳理，发现存在以下主要问题：

（1）PPP 政策"一刀切"忽视区域差异。发展不平衡不充分是中国的基本国情，也是政策制定和执行的出发点，但目前的 PPP 过于强调政策的通用性和刚性，对地方基于当地实际进行调整和优化的自由裁量权不足，导致政策在执行中存在"削足适履"的情形。

（2）PPP 政策的府际协同有待提升。不同于前两次 PPP 热潮都由单个部门主导，2014 年以来的 PPP 政策涉及财政部与国家发展和改革委员会等为首的十几个部委，共同制定了近百个 PPP 相关政策（陈玙和李丹，2017），但部分政策存在冲突，不同层级政府之间以及部门之间的横向与纵向的 PPP 合作机制和协同治理都处于初级阶段，导致 PPP 政策执行各自为政。

（3）PPP 创新性探索趋于收敛。在 2014 年之前的 PPP 发展中，各个地方积极探索勇于创新，形成了一系列积极有效的经验做法和经典 PPP 项目，如北京地铁四号线 PPP 项目。但在 2014 年以来的 PPP 发展中，地方政府的 PPP 创新性呈现衰减态势，其原因可能在于，一方面中央政府的政策高位推进和压力性体制（贺东航和孔繁斌，2011）要求地方政府不折不扣地执行政策，扼杀了地方政府的创新性；另一方面 PPP 的资本市场直接融资机制不充分，目前的 PPP 融资以银行的间接融资为主，而银行对于风险控制的严格要求，不利于 PPP 项目的创新性。

（4）制度和人才等要素传承存在断裂。PPP 在中国有着长时序的发展过程，成功实施了数千个 PPP 项目，积累了较丰富的经验，但通过对 2014 年以来的 PPP 执行情况进行考察，发现过去实践经验探索形成的制度、惯例、人才、知识等要素资源并未得到有序的重视、传承和发扬，很多以前犯过的错误一再重犯，地方政府的 PPP 能力建设也成为 PPP 发展的主要掣肘之一。

（5）外来影响大于本土实践。与前述问题密切相关的就是 PPP 政策和模式中过于强调对国外 PPP 制度的借鉴，如物有所值评价和竞争性磋商等，固然 PPP 起源于国外，一些主要国家如英国在 PPP 领域制度比较成熟、比较先进，但不顾国情照抄照搬，反而会导致一些 PPP 制度在实践执行中形同虚设和形式化，既无法实现政策目标，又损害了政策权威性。

上述问题主要是 2014 年以来 PPP 政策的制定和执行过程中暴露出来的，部分是结构性的，也有部分是非结构性的，不管是哪种类型的问题，都是可以在执行过程中进行动态调整和完善的。结合国情和实践探索的政策完善有助于塑造中国特色 PPP，构建 PPP 的中国模式。

第二节 基于间断平衡理论的中国 PPP 政策过程分析

一、理论基础：间断平衡理论

在过去的几十年里，渐进主义政策理论在西方公共政策分析中得到了广泛的应用（Petridou，2014）。在渐进主义理论中，保持稳定或均衡在公共政策中是常见的，政策具有静态的性质，并假定随着时间的推移变化不大。在政策过程的实施阶段，政府官员或政策企业家等既得利益者试图保持政策稳定，保护自己的利益。然而，渐进主义理论并不能以一种完美而合理的方式来解释政策过程。世界范围内的政策实践表明，政策历史经历了一系列短周期的不稳定和长周期的稳定，即政策过程中既有增量变化，也有非增量变化（Weible and Sabatier，2017）。为了解决这一理论难题，Baumgartner 和 Jones（1993）引入了间断均衡理论作为基于议程的政策分析工具。

间断平衡理论是从生物学研究中借鉴而来的，是一种创新的政策过程理论，包含渐进主义和不连续的、突然的政策变化（Baumgartner et al.，2009）。间断平衡理论基于有限理性，认为公共政策的发生通常是缓慢而渐进的，但由于外部干扰，公共政策也可能在短时间内发生急剧的或爆发性的变化（Jones and Baumgartner，2012）。间断平衡理论弥补了以往政策过程理论的不足。间断平衡理论关注的是作为政策动态时期的稳定和变化，因此它非常适合分析整体政策制定和演变。间断平衡理论在战争（Leventoglu and Slantchev，2007）、卫生系统（Feder-Bubis and Chinitz，2010）、烟草控制（Studlar and Cairney，2014）、水法（Crow，2010）等政策研究中得到了应用。尤其在公共预算领域较为广泛和成熟（Baumgartner，2009；Robinson and Caver，2006；Sebök and Berki，2018）。

一般认为，间断均衡理论在政策过程中存在的两个原因包括信息不对称和制度摩擦（Flink，2017）。政策变迁是一个政策建设、稳定、破坏、重建的反复过程。政策稳定后，会形成政策垄断。该政策的既得利益者将使用各种资源和话语，如雇佣说客、政策专家和律师，以维护政策稳定和保护他们的利益。他们还与其他利益集团建立政治联盟，以防止急剧的政策变化。但是，政策垄断不会永远存在，当一个外生冲击触发事件发生时，政策制定者、媒体和公众的注意会发生转变，外部压力足够大到突破临界点时，政策就会发生急剧的改变，然后又是一个新的、长期的、较为稳定的政策过程（Jones and Baumgartner，2012）。此外，公共政策中的间断均衡还指的是促进不稳定和急剧变化的正反馈与导致稳定和静态政策过程的负反馈之间的持续斗争（Boushey，2012）。

间断均衡理论起源于美国的政治体制，一些分析术语具有鲜明的美国特色，如"铁三角"（Iron Triangles）和"子系统政治"（Subsystem Politics）。它较少考虑到国家内部和国家之间高度多样化的文化、历史和社会政治背景。之前的国际比较研究主要基于西方国家之间，如美国的分散式政治制度和英国的集中式民主制度（Baumgartner，2009）。此外，间断均衡理论是一个动态的、不断完善的理论，一些学者对间断均衡理论进行了丰富，如与路径依赖理论的结合（Feder-Bubis and Chinitz，2010）。

二、实证分析：中国 PPP 的政策变迁分析

根据上述间断均衡理论，本节将探讨具体的政治和经济因素如何影响

中国 PPP 政策演变中的间断均衡过程。中国的政策议程一直由国务院和国家部委制定，地方政府作为政策子系统，也有一定的权力制定实施地方政策等具体规则。自 1994 年中国 PPP 政策正式推行以来，经过几十年的发展，PPP 经历了一个长期均衡、短期波动交替的过程。中国 PPP 政策过程分为三个阶段，如表 2-1 所示，其中关键政策为触发政策急剧变化的外源性冲击。

表 2-1 中国 PPP 政策的制定过程

阶段	政策议程	政策图景	政策场所	触发事件（关键政策）
1994—2002 年	BOT，吸引外资的工具	弥补资金缺口和吸引外资	国家发展和改革委员会和地方政府	《关于试办外商投资特许权项目审批管理有关问题的通知》
2003—2013 年	BOT，市场化工具	弥补资金缺口	建设部和地方政府	建设部《关于加快推进市政公用行业市场化进程的意见》
2014—2021 年	PPP，城市治理工具	弥补资金缺口和体制机制改革	财政部和其他部委	《关于推广运用政府和社会资本合作模式有关问题的通知》

资料来源：笔者自制。

1. 第一次 PPP 高峰和政策间断（1994—2002 年）

政策垄断的建立。1984 年中国出现了第一个 PPP 项目——沙角 B 电厂 BOT 项目。但是，直到 1994 年，国家计委才首次从中央层面推广试点 PPP。1995 年，国家计委、电力部、交通部联合下发了《关于试办外商投资特许权项目审批管理有关问题的通知》。这份政策文件可以说是中国 PPP 政策的里程碑。可以看出，能源和交通项目是这一阶段 PPP 的重点，PPP 政策的目的是吸引外资来弥补中国基础设施建设的资金缺口。在此期间，中国经济处于起飞初期，国内生产总值位居世界第七，城镇化也进入快速发展阶段。由于资金短缺，基础设施建设跟不上城镇化经济发展的步伐。PPP 的政策场所是中央和地方政府的计划委员会。PPP 的政策形象是将 PPP（BOT）作为吸引外资的重要手段。在首批 5 个 PPP 试点项目中，来宾 B 电厂 PPP 项目和成都市第六水厂 PPP 项目取得了成功，并形成了示范效应。

通过政策学习和扩散机制，以投资者为主体、外资为主要资金来源的 PPP 模式在全国范围内传播，形成政策垄断，PPP 政策进入均衡发展时期。

政策垄断的瓦解。第一轮 PPP 热潮推动了中国基础设施的快速发展，产生了一批影响和效益更大的基础设施项目。由于国外投资者对高利润的追求和对合同中固定收益条款的要求，政府和公众的不满越来越严重，形成了一种负面的反馈，导致政策垄断的瓦解。2002 年，政府颁布了《关于妥善处理外商投资固定收益担保项目存在问题的通知》，导致了第一轮 PPP 热潮的回落。

2. 第二次 PPP 高峰和政策均衡（2003—2013 年）

政策图景的转变和新政策垄断的建立。21 世纪初，随着中国加入世界贸易组织（WTO），中国的市场化和经济全球化进程不断加快。2002 年，党的十六大提出，要完善社会主义市场经济体制，使市场在资源配置中发挥基础性作用。在这一背景下，政府的注意力发生了转移，通过市场化来强调经济增长和城市化，PPP 成为更广泛的结构性改革和制度变革的重要抓手和政策工具。在对法国特许经营制度进行调查研究的基础上，建设部于 2002 年颁布了《关于加快推进市政公用行业市场化进程的意见》，2004 年颁布了《市政公用事业特许经营管理办法》。随着我国公用事业改革的推进，PPP（BOT）再次引起了政府的关注，并引发了第二次热潮。在此期间，PPP 的政策场所主要是建设部和地方政府。PPP 的政策图景也发生了重大变化，PPP 成为促进基础设施市场化的重要政策工具。这一阶段也是中国 PPP 政策过程中最市场化的阶段，不同的市场主体通过开放竞争的市场机制，加快推进了我国基础设施项目的建设和效率的提升，PPP 也形成新的政策垄断。

3. 第三次 PPP 高峰和政策均衡（2014—2021 年）

外部冲击和新的 PPP 政策均衡。2013 年，中共十八届三中全会提出全面深化改革，加强国家治理能力建设。与此同时，中国经济经过几十年的快速增长，已经进入转型时期。地方政府为推进城镇化和经济发展而积累的地方债务风险巨大。在这些因素综合影响下，财政部发布了《关于推广运用政府和社会资本合作模式有关问题的通知》，并于 2014 年全面推广实施PPP模式。PPP的政策图景转变为把PPP作为政府职能转变和国家治理现代化的工具，并试图利用PPP作为桥梁，让政府和市场合作促进经济转型发展。尽管PPP的政策场所由财政部主导，但涉及十多个部委。法规、制度设置、能力建设、激励措施等新措施加强了PPP政策的实施，促进了新的政策垄断的形成。除了传统的政府外，政策参与者还包括智库、企业家和公众。逐步觉醒的公民参与意识和权利，加上信息技术的普及，使传统的闭门决策模型在中国越来越难以维持。智库、媒体和公众在PPP政策制定过程中发挥了越来越重要的作用。下一步的PPP政策走向还需要持续观察，但需要注意的是，一些引发政策垄断崩溃的因素正在显现。

第三节 中国情境下PPP功能的再认识

一、新型城镇化与PPP

PPP主要适用于基础设施和公共服务领域，而基础设施是城镇化的主要场域，新型城镇化对基础设施和公共服务都产生了巨大需求。中国引入PPP模式很重要的一个驱动因素就是加快推进基础设施建设，进而促进城镇化建设和经济发展（韦小泉等，2017）。党的十九大报告指出，新时代的社会主要矛盾已经转化为人民日益增长的美好生活需要和不平衡不充分的发展之间的矛盾。基础设施和公共服务是人民美好生活需要的重要组成部分，PPP模式有助于切实满足群众的多样化需求。PPP作为一种创新的供给模式，对于促进基础设施和公共服务领域的供给侧结构性改革也具有重要的作用和意义。供给侧结构性改革的目的是更好地满足人民美好生活需要，而基础设施和公共服务是最重要的生活需要之一，供给侧结构性改革客观上会推动PPP的发展。

中国的新型城镇化不同于以往的城镇化，新时代赋予了其新内涵和新特征（方创琳，2014），也对 PPP 的发展提出了新挑战：

（1）以人为本的新型城镇化要求 PPP 更关注围绕人口市民化的项目需求。新型城镇化要求人的城镇化与土地城镇化协同推进，"三个 1 亿人"的战略任务产生了巨大的城乡公共服务需求，如医疗卫生、教育、养老等，都存在较大的缺口和不平衡现象，都需要通过 PPP 模式加快建设。

（2）新型城镇化的金融化发展态势需要 PPP 模式的支持。进入 21 世纪，金融在城镇化进程中扮演了越来越重要的角色，形成了一种"Developing by Borrowing"的现象（Pan et al.，2016）。城市增长机器（Growth-machine）正被债务机器（Debt-machine）取代（Peck and Whiteside，2016）。金融的作用不断加强，甚至超越了一些传统要素。城镇化需要资本市场和社会资本更多的参与，才能发挥更大的作用，而 PPP 正是一个非常合适的桥梁。

（3）产城融合的城镇化需要更多的 PPP 模式创新。与过去片面的城镇化不同，新型城镇化更注重产业发展，从而规避"鬼城""空城"现象，要求基础设施和公共服务的建设与产业导入和发展同步进行协同推进，因此实践探索中涌现了片区/园区开发 PPP 模式，这是国外 PPP 项目中比较少见的，但对中国以及广大发展中国家具有重要意义。

（4）城镇化存量项目为 PPP 指引了新方向。经过数十年的以新城新区为载体的城市蔓延和空间拓展，中国的城市发展已经从增量导向转向存量导向，城市内部空间的更新改造成为城镇化的重点内容（陈宏胜等，2015），对 PPP 的影响体现在两方面：一方面城市更新类 PPP 项目会显著增加，如棚户区改造等；另一方面，TOT、ROT 等存量型 PPP 具体模式将会增加。

二、转移支付与 PPP

由于中国地方政府的财政收支存在显著的区域差异，为了促进财政均等化和财政平衡，中央政府通过财政转移支付对财政收入进行再分配，主要包括一般性转移支付和专项转移支付（马光荣等，2016）。我国的财政转移支付由于受到诸多要素和潜规则影响，还不够完善（范子英和李欣，2014；郑浩生等，2014）。

PPP 某种程度上可以看作中央与地方政府的财权、事权和支出责任不匹配背景下的一个变通处理的途径，可以视之为异化/另类的转移支付。中国财权高度集中在中央，但事权和支出责任下沉在各级地方政府，为了满足基础设施和公共服务的支出，地方政府只好探索各种途径，便出现了土地财政和地方政府融资平台（孙秀林和周飞舟，2013）。2014 年，《国务院关于加强地方政府性债务管理的意见》（国发〔2014〕43 号）等文件出台之后，融资平台严格受限，PPP 作为一种替代模式，部分地承担了弥补财权、事权和支出责任错配的职能。在 2014 年之后几年的 PPP 实施中，国有企业尤其是中央企业作为社会资本大量参与地方的 PPP 项目，政策性银行如国开行和农发行的低成本资金倾斜性支持，地方的 PPP 项目变成中央政府对地方的一种"隐性输血"，绕开繁琐的财政转移支付程序和额度限制，这也是 2014 年之后中西部落后地区 PPP 项目大幅度多于东部发达地区的原因之一（程哲等，2018）。随着 2016 年《国务院关于推进中央与地方财政事权和支出责任划分改革的指导意见》（国发〔2016〕49 号）等文件的颁布，国家大力推进中央与地方财政事权和支出责任划分改革，PPP 的财政套利空间逐渐萎缩，PPP 回归初心的趋势也更加明显。

三、地方政府债务管理与 PPP

有效防范化解地方政府债务风险是防范化解重大风险攻坚战的核心内容之一，加强地方政府债务管理对推动经济高质量发展，促进经济社会健康发展具有重要作用。加强财政预算管理和地方债务管理，从严管控支出责任倒逼 PPP 的规范发展，并结合政策的正面引导，形成推拉结合的 PPP 规范发展机制，不仅有助于防范和化解地方债务风险，也有助于切实提高公共服务供给质量。在供给侧结构性改革、强化地方政府债务管理和防范地方债务风险的政策导向下，PPP 模式的运用也需要适应新时代，贯彻新理念，打造新版本。

在政府预算管理框架内更有效地管控 PPP 财政支出责任，促进防范和化解地方政府债务风险是 PPP 规范发展的重点内容。①PPP 政府支出责任并不构成地方政府的直接债务，而是属于或有债务或者隐性债务，PPP 的政府支出需要纳入年度财政预算和中期财政规划，理论上属于刚性支付。只有地方政府发生信用危机，违约不纳入预算或不能支付，才会转换成直接债务。②PPP 需要进一步提升风险监测和防范。当前，对 PPP 政府支出责任的主要管控措施是占一般公共预算支出的 10% 红线，但这 10% 的规定在实践中争议颇多。一方面，"一刀切"的比例忽视了区域之间的财力差异和债务水平差异。虽然财金〔2015〕21 号文规定各省份可以自主确定比例，然而并未发生实际作用。另一方面，之前一些不规范的 PPP 项目挤占了政府支出空间，需要通过清理整顿为真正合适的 PPP 项目腾出空间。③PPP 的风险管控措施也需要进一步多元化，形成立体化、全过程、穿透式动态监管体系，如全国 PPP 风险监测地图、地方政府信用评价体系、社会资本信用平台、政商关系评价体系等。

对于 PPP 而言，在使用者付费的 PPP 项目中，政府支出责任较少，尤其是基本不用支付比重最大的运营补贴；可行性缺口补贴和政府付费类 PPP 项目中政府的支出责任较大，这两类项目的政府支出占地方政府 PPP 财政支出的大头。当前，很多地方政府为了严格防范地方债务风险，对政府付费类 PPP 项目实行负面清单管理，进入负面清单的项目不得采用 PPP 模式。政府付费 PPP 项目模式本身没有问题，众所周知，英国的 PFI 都是政府付费项目，关键在于 PPP 模式的驱动因素，即为什么要用 PPP 模式，也就是 PPP 的初心。地方政府如果出于投资驱动和晋升激励，为了解决项目的资金缺口而采用 PPP 模式，那么 PPP 就会异化成短视、急功近利、重建设轻运营的伪 PPP 项目，必然增加地方政府的债务，甚至导致地方政府信用风险。地方政府如果主要基于效率提升目的采用 PPP 模式，那么即便是政府付费项目，由于 PPP 的专业持续运营带来的正外部性和放大效应，对政府的直接和间接财政增值必然可以抵消政府支出，不会增加地方政府实际债务。

第四节　新时代背景下中国 PPP 的新议程

20 世纪 90 年代末，Broadbent 和 Laughlin（1999）提出了 PPP 研究需重点关注的核心议程，产生了广泛影响。后来，Hodge 和 Greve 根据当时的研究进展和实践需求，在前人研究的基础上，于 2008 年和 2018 年提出了两个升级版的 PPP 研究议程（Hodge and Greve，2008，2018）。这些研究议程都是基于国外经验和需求，对中国 PPP 研究具有重要借鉴意义，但未必完全契合中国实际。因此，需要根据中国的发展趋势和现实需要拟定中国 PPP 的研究议程。

党的十九大报告提出的治理能力现代化、乡村振兴战略、区域协调发展战略以及污染防治等攻坚战都为 PPP 提供了广泛的应用空间。因此，在新时代背景下，结合党的十九大提出的时代定位和重点任务，提出 PPP 新议程应该重点关注以下三个方面：

一是项目技术层面。经过近年来的运动式发展，PPP 处于调整优化阶段，主要体现在以下三个方面：①PPP 适用领域进一步聚焦，一些政策鼓励的重点领域会成为热点，如乡村振兴和三大攻坚战等。但是与乡村振兴相关的 PPP 项目大都位于农村地区，地方政府财力薄弱；而与区域发展和污染防治相关的 PPP 项目很多都是纯政府付费项目。在落实国家重大战略的工作部署中，PPP 如何精准实施和差异化推进是一个值得重视的问题。②PPP 项目技术管理也需要根据实际需求进行转向，初期的 PPP 项目技术重点关注融资、风险和经济可行性等，新时代的 PPP 技术需要重点关注可持续发展、公众参与、绩效考核、资本市场与直接融资等。③PPP 项目技术的多学科研究需要进一步开展，PPP涉及面广，专业性强，任何一个单一学科都无法回答和解决全部技术问题，只有法律、财税、金融、管理、工程等各个学科进行跨学科多视角的集成研究，才能有效地促进PPP的发展。

二是政府管理层面。虽然PPP是一个涉及公共部门和私人部门以及公众等利益相关人的模式，但由于PPP主要针对公共产品，政府在PPP过程中始终扮演主导角色。尤其是在中国，PPP中政府的职责、管理、能力等要素较为关键。新时代语境下，PPP中政府管理的发展重点应该集中在以下三个方面：①厘清府际关系，塑造协同推进机制，包括上下级政府的纵向关系、同级政府和部门之间的横向关系调整和优化，形成共同发力分工合作的PPP推进机制。②重视发挥规划作用，规划是政策过程的核心机制，也是中国政策成功的关键经验，规划不仅是一个文本，而是多层级主体之间的一种互动模式和政策优化过程。各级政府应当通过编制PPP发展规划对PPP的中长期发展和总体布局进行把控。③正视PPP发展的区域差异，重视PPP政策弹性，中国发展不平衡不充分的现状对PPP有深刻影响，中央政府在制定和执行PPP政策过程中，应当允许地方政府根据当地实际需求和发展基础进行有限度的调整和补充，并允许地方政府进行积极试错和大胆创新。

三是治理模式层面。推进国家治理体系和治理能力现代化是国家战略，PPP是治理模式创新和治理现代化的重要环节。同样地，作为一个政策和基础设施供给模式，PPP本身也需要治理。一方面，需要厘清PPP在全球治理网络和国家治理体系中的定位和作用，将PPP嵌入全球化和国家现代化的历史进程，从宏观视野把控PPP的历史方位和发展趋势；另一方面，PPP需要构建多角度、多维度常态化的治理体系，包括涵盖各级政府的多层级治理，覆盖多学科的关系治理和契约治理，面向多主体、全过程的网络治理等。

本书研究表明，中国的PPP在发展演化、政策过程、功能创新、研究议程等方面都具有与其他国家不同的特征和内涵，因此有理由认为存在PPP"中国模式"的可能性，但需要进一步的经验挖掘、要素提炼和理论创新。

　　本书只是对 PPP "中国模式"的一个初步探索，主要侧重于政策评估、历史分析和理论构建。PPP "中国模式"研究是一项系统工程，需要开展深入的国际比较、历史综述、模型构建和实证检验等，是一个需要学术界和实务界反复研讨和全面辩驳的过程，这些都需要在后续研究中不断深化。

第三章 中国 PPP 发展的时空格局及演变特征

中国城镇化建设对基础设施有巨大的投融资需求，但旧有的政府主导的以财政资金、融资平台举债和土地财政为核心的模式导致地方政府债台高筑，隐患严重，不可持续，亟须创新。在这种需求下，PPP 模式作为一种国际流行的基础设施投融资模式，备受政府青睐和重视，成为解决基础设施投融资问题的一种重要创新模式。

PPP 模式并非新事物，中国 20 世纪 80 年代引入 BOT，90 年代正式试点推广 PPP 模式，此后虽历经曲折，但 2014 年以来，在政府的大力推动下，成为基础设施投融资的主要创新模式和研究热点（Ke et al.，2014）。因此，有必要对中国 PPP 的发展进行梳理和总结。中国之前的 PPP 研究主要集中于定性的实证分析或基于模型的非实证分析（Ke et al.，2009），在研究方法上以案例研究、专家问卷、文献综述、专家访谈、理论建模等为主（李尧，2012）。但是，基于大样本的案例库的实证分析仍属空白，尤其是缺乏结合时间序列和空间格局视角的大样本和大格局分析。

本书研究立足于地理学的过程—格局—机理—响应的范式，利用搜索引擎收集公开的中国 PPP 项目信息，建立案例库，进行大样本分析，识别 2014 年以前中国 PPP 应用的过程、格局、影响因素、规律。本书旨在回答以下问题：①2014 年之前中国的 PPP 应用实践在时间序列上是如何演变的，具有哪些发展阶段；②在空间上具有哪些分布特征；③这些时空格局特征是如何形成的、存在哪些规律、受什么因素影响、对未来的发展有何启示。

第一节　中国 PPP 发展的总体格局

基于对前述收集的中国 PPP 项目数据库进行的分析，从以下方面展开分析：

（1）总投资额。虽然收集的案例中很多缺乏投资额的数据，但将有投资额数据的案例汇总，总投资额在 1 万亿元以上。而 1985—2014 年，中国基础设施总投资超过 70 万亿元，因此相对于中国巨大的基础设施资金需求及缺口，2014 年之前 PPP 所起的融资作用是有限的。

（2）特许经营期。中国 PPP 项目的特许经营期大部分都在 30 年以内，以 30 年居多，最长的为 50 年，很重要的一个原因是受到政策规定限制，2004 年建设部颁布的《市政公用事业特许经营管理办法》明确规定："特许经营期限应当根据行业特点、规模、经营方式等因素确定，最长不得超过 30 年。"虽然关于特许经营期的确定有诸多研究方法，如蒙特卡洛模拟（Carbonara et al.，2014）、实物期权（Wang et al.，2014）、网络分析（Zhang，2011）、财务模型（胡振等，2010）等，但实践中很少采用，而是简单直接地依据法规定为 30 年。

（3）时间序列分布。中国 PPP 项目应用数量总体呈现增长趋势，尤其是进入 21 世纪后，增长势头显著加快，发展过程中具有一定的波动性，其时序分布如图 3-1 所示。

（4）项目空间分布。空间分异严重，东部地区多，中西部地区少，东北地区最少，PPP 项目应用最多的省份是福建、广东、江苏，最少的省份是西藏、青海、海南，如图 3-2、图 3-3 所示。

（5）投资人。与国外不同，中国的国有企业在 PPP 的投资人中占据主导地位，民营企业次之，外商投资企业比较少，且受到许多限制（如不能控股），也有一些混合所有制的项目，这是由中国的国情决定的。但这种态

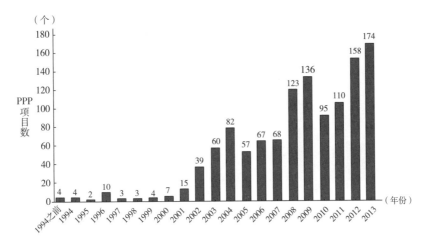

图 3-1　中国 PPP 项目时序分布

资料来源：笔者自绘。

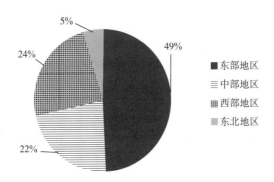

图 3-2　中国 PPP 项目区域分布

资料来源：笔者自绘。

势并不是一成不变的，具有鲜明的阶段性，2000 年之前，国有企业作为投资人的项目仅 9 个，而同期外商投资企业作为投资人的项目为 17 个，占案例全部的 56.6%。进入 21 世纪之后，国有企业和民营企业作为投资人的项目比重急剧上升，外商投资企业作为投资人的项目数下滑态势显著，如图 3-4 所示。以 2013 年为例，全部 174 个统计案例中，国有企业作为投资人的有 78 个，占 44.8%；民营企业作为投资人的有 93 个，占 53.4%；外商投资企业仅有 3 个，占 1.7%。

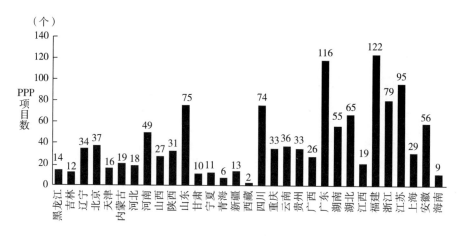

图 3-3　中国各省份 PPP 项目分布

资料来源：笔者自绘。

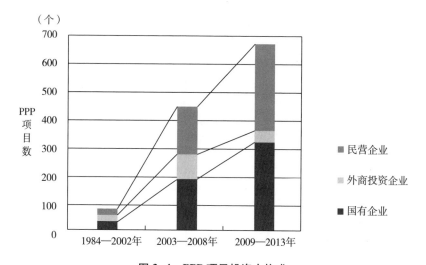

图 3-4　PPP 项目投资人构成

资料来源：笔者自绘。

（6）具体融资模式。2014 年之前 BOT 占据绝对主流地位，共有 1024 个，占总数的 83.9%，包括 20 个 BOT+TOT 项目。BOT 模式是在中国影响最大、知名度最高、应用最广泛的 PPP 具体模式，如图 3-5 所示。

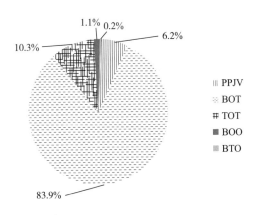

图 3-5 PPP 项目融资模式构成

资料来源：笔者自绘。

（7）项目行业分布。水务（包括供水和污水处理等）是中国市场化程度最深的基础设施行业，也是 PPP 应用最多、最广泛、最成熟的行业，占全部统计案例的 54.6%，其次是市政（包括垃圾处理和供热等）和交通（包括高速公路、收费公路、桥梁、地铁等），如图 3-6 所示。原因主要有以下几点：①具有较稳定的收益来源，投资人的风险相对较小；②单个投资较少，但数量多，社会需求较大；③路径依赖，国家最早的几个试点项目就集中于水务、交通、市政等行业，形成了较为稳定的经验做法和参考文件，以至于产生了锁定效应，形成了路径依赖。

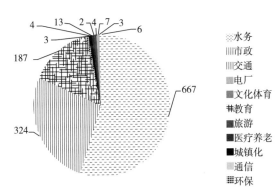

图 3-6 PPP 项目行业分布（单位：个）

资料来源：笔者自绘。

第二节　中国 PPP 发展的演化阶段

关于中国 PPP 应用的阶段划分有多个观点，如五阶段、三阶段等，本书按照项目的统计情况，结合国家宏观环境及相关政策，分成四个阶段，如图 3-7 所示。

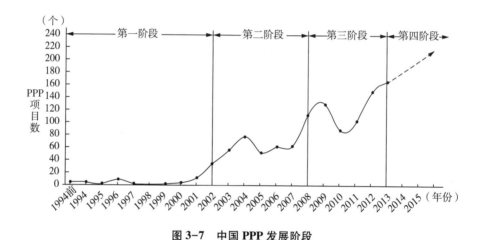

图 3-7　中国 PPP 发展阶段

资料来源：笔者自绘。

1. 第一阶段：探索崛起阶段（1984—2002 年）

中国实行改革开放以后，由于资金的巨大缺口，吸引和利用外资推动经济建设成为国家政策。外商直接投资（FDI）成为中国经济腾飞和基础设施大发展的重要资金来源。在这种背景下，当时世界上刚刚出现的 BOT 模式通过外商引进了中国。中国第一个 BOT 项目就是 1984 年的深圳沙角 B 电厂项目，投资人是中国香港的一家公司，该项目在 15 年特许经营期满后于2000 年成功移交给当地政府。沙角 B 电厂 BOT 项目主要由地方政府和投资人发起，程序粗糙，文件简单，影响有限（Ye and Tiong，2000）。1992 年党的十四大提出了建立社会主义市场经济体制，国家开始研究投融资体制改革。1994 年，国家主管部门选择了五个 BOT 项目作为试点，其中包括了水厂、电厂、高速公路和大桥。来宾 B 电厂成为第一个国家推动并获得成功的 PPP 项目。随后，国家又出台了一些政策来推动和指导 PPP 项目发展，各个地方政府也积极试点推广 PPP 项目，既有成功也有失败。本书收集到的这一阶段的项目有 91 个。总体来看，这一阶段的特征有以下几点：①项目应用领域以交通、能源、水务和垃圾处理为主；②前期以外商投资为主，外商的参与和国际化运作模式保障了项目的成功，提供了经验，促进了 PPP 项目的本土化；③PPP 项目前期策划与招商阶段周期长，成本高，技术壁垒强，限制了 PPP 模式的大规模推广使用。

2. 第二阶段：稳定推广阶段（2003—2008 年）

2002 年，党的十六大进一步强调了市场机制，随后作为基础设施建设行业主管部门的建设部陆续出台了几个促进和规范 PPP 应用的文件，为 PPP 应用提供了法律依据。在国家的强有力推动下，各地兴起了 PPP 的一个高潮。这一阶段影响较大的案例有国家体育场（鸟巢）（Liang et al.，2011）和北京地铁四号线（Chang，2013）的建设。这一阶段的特征有以下几点：①PPP 应用以市政公用事业为主，包括自来水、污水处理、垃圾处理、供暖等，尤其是污水处理项目占据主导地位；②投资人来源中，外商投资企业比重下降，民营企业和国有企业占据主导地位；③大规模采用公开招标方式选择投资人，通过公开竞争形式选择投资人，能有效降低费用，提高效益，运作规范有效，也使地方政府更有主动权，避免暗箱操作，维护了公共利益；④形成了相对成熟的流程、文本和模式，随着项目的积累总结，形成了相对成熟的实施模式和工作模板，使前期交易费用大幅度下降，前期工作时间大幅度压缩，有力促进了 PPP 项目的推广实施。

3. 第三阶段：波动发展阶段（2009—2013 年）

2008 年的全球金融危机影响了世界金融格局，也极大地影响了中国 PPP 的发展进程。为了应对危机，中国政府推出了四万亿元的投资计划，政府引导的巨额的财政资金和信贷资金投入基础设施领域，PPP 项目受到极大的冲击，很多前期阶段的 PPP 项目直接退出了 PPP 模式，直接转为政府投资，对私人资本产生了严重的挤出效应。这一阶段的特征如下：①国企占据了绝对主导地位，国有企业实力强，拥有政府资源作为支撑，信用高，备受地方政府和银行业的青睐，国有企业也逐渐倾向采用 PPP 模式参与基础设施建设，政府和国有企业合作的中国特色 PPP 模式成为这一时期的主体；②融资渠道多元化，在中国早期 PPP 应用中，融资渠道较为单一，以银行信贷为主，随着资金需求额度的剧增，以及金融市场的成熟，PPP 融资模式逐渐涌现出上市（IPO）、企业债、信托等多元化融资渠道。

4. 第四阶段：新跃进阶段（2014 年至今）

从 2013 年底开始，为了进一步推进市场化，解决地方政府债务问题，以财政部为先导，出台了一系列政策大力推进 PPP 模式，这次力度之大、范围之广、政策出台之密集都是前所未有的，兴起了一轮 PPP 的"大发展"。

第三节　中国 PPP 发展的时空特征

总体来看，中国 PPP 应用存在时序上的波动性/不稳定性、空间上的非均衡性和应用上的反常规性，而三者是密切关联、相互影响的。

1. 时序上的波动性/不稳定性

从中国的 PPP 应用历程来看，PPP 项目并不是一帆风顺、线性发展的，而是存在不稳定性，既有高峰也有低谷。尤其是 2003—2012 年，存在较强的波动性。造成这种不稳定性的原因很多，既有自身的因素，也有外部的原因，主要在于国家政策和宏观环境的影响。

2. 空间上的非均衡性

中国的 PPP 项目分布具有显著的空间分异特征，由于数据量的限制，聚焦于省域尺度的分析，可以明显看出省份之间存在较大的差异。PPP 项目最多的省份是福建，共 122 个；最少的省份是西藏，只有 2 个，平均值为 39，极差为 120，中位数 31，标准差 32，表明离散程度较大。

3. 应用上的反常规性

无论国内外，PPP 都是政府主导的，政府的需求、偏好和意愿决定了 PPP 的采用和推广。对于政府而言，PPP 的作用之一就是引入社会资本，弥补财政投入的不足，因此理论假设应当是经济落后的地区和阶段更需要采用 PPP，但过去的实践却是，在经济发达的地区和经济发展迅速的时期 PPP 用得更多。东部地区是中国经济最发达、市场化程度最深的区域，而东部地区的 PPP 项目占全国的 49%，PPP 项目最多的前五名省份分别是福建、广东、江苏、浙江、山东，全部位于东部地区，五省份合计项目数占全国的 40%。2002 年之后是中国 PPP 项目大幅度增加的时代，同时也是中国社会经济高速增长、财政收入急剧增加的时期。这些都表明中国的 PPP 应用与传统 PPP 理论存在一个悖论。

第四节　中国 PPP 发展的影响因素

形成上述 PPP 时空格局的原因主要有以下几点：

（1）国家经济发展与政策。国家经济发展态势及其采取的应对措施是影响中国 PPP 发展的最大因素。1992 年党的十四大提出建立和完善社会主义市场经济体制，中国政府才开始正式在官方层面试点推广 PPP 模式（当时叫 BOT 模式），PPP 迎来了第一次高潮。2002 年，中国政府为了促进经济发展，进一步强化市场化，鼓励、引导和支持民间资本进入基础设施领域，出台了一些具体的规范文件，在政府的大力推动下形成了 PPP 发展的又一个高潮。2008 年，美国金融危机也深深影响了中国，为了应对危机，通过政府财政引导大量银行资本投入铁路、公路和基础设施等领域，大量资本的涌入对民间资本和 PPP 项目带来了巨大的冲击，大量的 PPP 项目改由地方政府融资平台进行投资建设，但这种政府主导的投资建设模式弊端很多，如效率低下、浪费严重、导致政府负债严重等。随着危机的消退和政府过度投资弊端的显现，尤其是地方政府债务风险加剧，中央政府连续出台政策限制地方通过融资平台无序举债融资，鼓励通过 PPP 模式吸引民间资本进入基础设施和社会事业领域。

（2）地方政府的态度偏好及动机。中国政府在采取 PPP 模式选择投资人的时候有明显偏好，这一偏好在不同的阶段和地区存在显著的差异。在第一阶段，由于中国经济发展水平低，建设资金严重不足，需要吸引外商投资加强基础设施建设进而促进经济增长。这一阶段，中国企业，无论是国有企业还是民营企业，在资金、技术、管理等方面都处于弱势，无法与外商投资企业竞争，外国公司在 PPP 项目的应用中起主导作用。在第二阶段，随着中国经济的快速发展和对外企的经验学习及制度移植，中国企业的管理能力和资本实力不断提高。国有企业熟悉国情，实力雄厚，尤其是得到政府的支持，具有垄断优势，因而也备受地方政府和金融机构的青睐，从而在 PPP 项目中取代了 FDI（外国直接投资）和民间资本发挥主导作用。

（3）地方政府的能力和信用。作为 PPP 项目的主要风险之一，地方政府的信用风险对 PPP 项目的成功具有关键影响。PPP 是一个长期的过程，涉及的利益相关者众多，特许经营期较长（通常是 30 年或更长的时间），对设计、融资、建设和运营等方面的要求较高，因此 PPP 项目风险较大。PPP 是一种基于长期合作的双向选择，政府选择投资人，投资人也会挑选项目所在地的地方政府。那些信用较好、遵守法律较严格、工作较规范、信息披露较多的地方政府，竞争力也较强，更容易吸引投资人。东部地区是中国最早实行改革开放的区域，较早参与了全球化，因而具有较好的法制意识、市场意识和信用意识，对 PPP 模式也更加重视并有更多的应用。在 PPP 的应用过程中，东部地区地方政府运作规范，注重合作，对投资人具有较大的吸引力，PPP 项目的成功率也较高。

（4）路径依赖。中国 PPP 的发展可以看作基于制度、政治、文化、经济和偶然因素等路径依赖的结果（Mu et al.，2011）。在 1994 年中国官方批准的 5 个试点项目中，有 2 个电厂、2 个交通项目（1 个桥梁和 1 个高速路）和 1 个水电站，只有成都第六水厂和来宾 B 电厂取得最后的成功，这些经验的总结和推广在中国 PPP 的应用中产生了深远的影响。20 世纪 90 年代，电力过剩导致了电厂 PPP 项目的衰退，而水务领域需求极大，且风险相对可控，收益较为稳定。此外，建设部门比较重视 PPP 模式，发布了若干扶持政策，提供了制度保障，从而使水务行业成为基础设施和公共服务领域应用 PPP 模式最多且最成熟的行业。成都第六水厂作为第一个成功的水务 PPP 项目，为当地的 PPP 发展提供了最佳实践和经验借鉴，也给地方政府发展 PPP 带来了信心，可以说是影响当地 PPP 发展的一个偶然但重要的因素。它使四川成为中西部地区唯一在 PPP 项目数量上能向东部地区看齐的省份。在 PPP 发展的早期阶段，由于缺乏成熟的做法和经验，早期开发的成本较高、周期较长，如第一批 5 个试点项目之一的长沙电厂 PPP 项目，前期招商时间长达 3 年。过高的成本和过长的周期严重阻碍了 PPP 项目的应用和推广，难以满足中国基础设施建设的巨大需求。因此，在第一阶段，通过试点项目的不断实践总结，形成了具有中国特色的适合时代需求的、易于操作的 PPP 运作模式和运作流程。这种模式摒弃了一些西方流行的合理而复杂的方法，如 VfM（Value for Money，物有所值评价）。通过这种简易模式，PPP 前期工作被压缩到几个月。在第一阶段和第二阶段，为了推广采用 PPP 模式，尽快解决基础设施的欠账和缺口，这一模式是合理的。但是，随着经济的发展，基础设施开始由数量发展向质量发展转变，这种模式需要改进和完善。

2014 年，为了应对过度高涨的地方政府债务危机，中国政府出台了一系列政策，包括严格限制地方政府融资平台和鼓励采用 PPP 模式吸引社会资本，中国各地公布了大批 PPP 项目进行招商，据不完全统计，累计资金额度达 2 万亿元。但发展中暴露出了一些问题，如前期论证不科学，运作不规范，只想融资不想投资人参与运营等，这些做法一方面导致了 PPP 项目签约率低，另一方面也存在巨大的风险。当前，中国已经初步形成了较完善的基础设施体系，更需要提高基础设施和公共服务的质量和效率，要充分认识到虽然 PPP 能弥补政府财政投入的不足，提升效率和推进政府治理，但并不是所有的基础设施项目都适合 PPP，PPP 不是万能的。PPP 项目要在以前的模式基础上借鉴国外的一些经验做法，进一步健全完善，包括但不限于：建立统一的 PPP 指导机构，增强政府的能力建设；对所有投资人公平对待，增强市场竞争；引入 VfM，增强 PPP 项目的科学论证；建立信息平台，增强 PPP 项目的公开透明度，增强地方政府的信用度；编制完善的操作指南体系，增强 PPP 项目的规范性和统一性；重视合同管理，政府和社会资本要建立长期平等的合作关系；丰富融资渠道，降低融资成本。

第四章　中国 PPP 发展的驱动因素及分异特征

作为一种近几十年兴起的有别于传统模式的基础设施投融资创新模式，PPP 的驱动因素，即为什么要采用 PPP 模式，一直是个虽然重要但重视不够的研究议题。以往为数不多的研究更多地关注 PPP 驱动因素的识别分析和重要性排序等（Li，2003；Chan et al.，2009），而且将它们作为一个整体考虑，缺乏对 PPP 驱动因素时空分异特征的研究。陈炳泉等注意到了内地和香港在 PPP 驱动因素上存在差异（Chan et al.，2009），但他是基于专家问卷对内地和香港的 PPP 驱动因素重要性差异进行分析的，缺乏从时间序列和省级尺度对中国 PPP 驱动因素的阶段性和区域性差异进行深入全面的识别和分析。

考虑到中国幅员广阔，地区社会经济和发展阶段各有差异，有理由相信 PPP 的驱动因素在不同时期和不同地区也是存在显著差异的。本书以 PPP 的驱动因素存在显著的时空分异为前提假设，从定性与定量的角度出发进行验证。首先通过文献综述识别和总结 PPP 的驱动因素。其次基于前述数据库，综合选取可量化的驱动因素指标，以 PPP 项目数和投资额为因变量，选取 GDP、人均 GDP、人口、财政收入、固定资产投资额和城镇化率为自变量，进行相关性分析，识别上述因素对 PPP 的影响。最后结合不同阶段、不同区域的典型案例分析，揭示 PPP 驱动因素的时空差异性，进而对形成这种差异性的原因进行分析解释。

第一节　中国 PPP 发展的驱动因素识别

　　PPP 模式相对传统模式有什么好处，政府为什么要采用 PPP 模式，即 PPP 的驱动因素或动机，自 PPP 模式推出时起就一直是争论的热点，尤其是这种驱动力基本都是一种定性的描述。

　　各国及国际组织的 PPP 指南类文件对 PPP 的驱动因素都有定性的描述。世界银行（2016）认为，政府采用 PPP 模式的原因在于以下几点：①通过引入私人资本满足基础设施建设资金缺口从而促进经济发展；②通过引入私人资本的技术和创新提供更好的公共服务和效率；③激励私人资本按时并在预算内完成项目；④通过明确项目目前和未来的成本提升预算的确定性；⑤通过与跨国企业等大企业在建筑工程、电力工程、设施管理、保洁服务、运营服务等领域的合作（合资、分包等形式）增强本地公司能力；⑥通过促进基础设施及相关产业和商业（如建设、装备、配套服务等）的发展增强经济的多样性和竞争力；⑦通过提升公共部门的能力来满足不断增长的基础设施需求；⑧通过将全寿命周期适当地风险转移给私人资本实现长期的物有所值。

　　亚洲开发银行（2008）认为，政府参与 PPP 的动机有以下几点：①吸引民间资本投资，补充公共资源或将更多公共资源用于满足其他公共需求。政府通常面临基础设施支出的巨大压力，而大多数政府的财力有限，融资压力极大，这是调动私人资本参与基础设施建设的主要原因，若 PPP 设计合理，则可调动此前闲置且正在寻求投资机遇的本地、地区或国际范围内的私人资本。②提高效率，更有效地利用现有资源。如何有效利用稀缺公共资源是政府部门面临的重大挑战，许多政府都未能实现这一目标，原因是公共部门缺少或根本没有提高组织内部运作和项目流程效率的动力，因此其基础设施建设和运营效率较低，PPP 允许政府将运营职能转移给高效的私人运营商，同时保留和完善监管及监督等公共部门的核心职能。③通过职能、激励和责任的再分配推动相关行业的改革，PPP 是在更大范围内推动改革的催化剂，重新审视和分配政策制定者、监管者和服务供应商的职能，特别是动员资本和提升效率。包含 PPP 框架的改革计划会重新分配部门职能，以消除潜在矛盾，并考虑允许私营实体参与特定行业的项目。

香港特区政府效率促进组（Efficiency Unit，2008）认为，对于公共部门来说，采用 PPP 的动机在于全寿命期成本优化，提升建设的质量、耐久性和按时完工，促进创新，与第三方分享政府资产和设施，分担责任，节省资源等。澳大利亚基建局（Infrastructure Australia，2008）认为，采用 PPP 模式的动机有提升服务质量，降低成本，能利用公私双方最好技能、知识和资源，增加公共服务供给，发挥集成优势，促进建设、服务、融资等部门发挥专业优势，提升效率和成本效益，带来物有所值。Dovey 等（2007）认为，美国政府采用 PPP 的动机在于弥补基础设施缺口，保证项目按时保质完成，在全寿命周期分期支付成本降低一次性投入，提高效率，转移风险，鼓励用户服务导向，聚焦结果导向。

在学术研究领域，Li（2003）最早通过文献调研和问卷调查的方法识别了破解公共预算限制，为公共设施和服务提供集成解决方案，缓解资本投资占用的公共资金，限制最终的服务成本，促进创造性和创新性，促进当地经济发展，提高建筑效益，提高可维护性，有利于技术转移给当地企业，公共投资的有限追索或无限追索，加快项目开发等 14 个 PPP 驱动因素。Hwang 等（2013）立足新加坡的 PPP 实施经验认为，影响 PPP 吸引力的因素有 7 个积极因素和 7 个消极因素，并通过专家打分的形式对其重要性进行了排序，积极因素包括（按重要性区分先后）更好的物有所值、改进风险、促进创造创新和成本效益解决方案、提升质量和服务、分担项目的全部成本、引入私人资本的专业技能、资源的优化分配；消极因素包括谈判时间拖长、参与成本高、政府目标和标准评估比较混乱、缺乏经验和合适的技能、偏高的项目成本、私人资本偏高的风险回报、过度限制参与。Chan 等

（2009）基于内地和香港的实证比较分析识别了 PPP 的驱动因素有 5 大类 11 小类，5 大类即合理分担风险、节约成本和物有所值、提升资产质量和服务水平、减少公共支出、促进经济发展，如表 4-1 所示。并且，首次看到了驱动因素的区域差异，通过比较分析发现，在内地，经济相关的驱动因素更重要；而在香港，效率相关的驱动因素更重要，这主要与社会经济发展阶段和需要相关。

表 4-1　PPP 驱动因素

合理分担风险	节约成本和物有所值			提升资产质量和服务水平				减少公共支出	促进经济发展	
实现实质性的风险转移	节约成本	物有所值	成本确定	节省时间	进度确定	公共服务创新	更好的资产维护	减少公共支出	鼓励合作	促进社会发展和商业机会

资料来源：笔者自制。

依据二八定律，本书重点关注那些对中国 PPP 发展起决定性作用的驱动因素，基于上述研究成果，结合中国社会经济发展及 PPP 发展的背景，本书认为中国 PPP 的关键驱动因素有以下几点：

（1）弥补财政资金缺口。改革开放以前，中国基础设施的历史欠账较为严重，滞后于中国社会经济的发展和城镇化的进程，远远不能满足群众需求和经济发展要求。改革开放以来，随着社会经济的快速发展和城镇化的快速推进，基础设施建设呈现跨越式发展局面。推进城镇化、更新老旧设施、满足新进入城镇的转移人口的公共需求，以及完善公共服务缺失或供给不足地区的基础设施等，都是地方政府的主要职责和挑战。而在传统的基础设施建设及投融资中，主要由政府作为单一主体通过财政资金投入的方式承担，政府面临的融资压力极大，加之不合理的财政体制，导致地方政府债务过高。因此，通过 PPP 模式引入社会资本，激发社会资本的活力、资金实力和融资能力，弥补政府财政投入的不足，成为一个时期内中国采用 PPP 模式的主要因素。

（2）合理分担风险。基础设施和公共服务大多投资大、建设运营周期长、涉及面广、公众关注度高、收益模式多元化，因此在全寿命周期内存在较多较大的风险。传统模式中，由政府全权负责基础设施项目的投融资、规划、设计、建设与运营维护，政府承担了全部风险。在 PPP 模式中，通过机制设计和合同条款在政府和社会资本之间实现合理的风险分担，将融资、建设、运营维护等风险转移给社会资本承担，而不可抗力等风险则由政府和社会资本双方共同承担。

（3）提升产品质量和服务水平。让专业的人做专业的事，才能有效通过专业分工提升效率和质量，进而促进经济发展。政府如果直接介入基础设施和公共服务的建设与运营，缺乏专业的技术、人员、经验，以行政主体代替市场主体，违反市场规律，会导致资源浪费、效率低下、政企不分等。通过 PPP 模式引入专业的企业，充分发挥社会资本的专业优势和相关经验，社会资本出于获取利润的目的，有动力、有能力在项目建设与运营过程中降低成本、提高效率和质量。

（4）促进体制机制改革。改革依然是时代的主题。通过 PPP 模式，把传统上由政府负责融资建设的基础设施和公共服务项目交由社会资本负责，政府集中精力负责项目的监管和公共利益的维护，既实现了从"划桨者"向"舵手"的职能转变，也促进了政府简政放权。PPP 模式将政府的规划引导、市场监管、公共服务职能，与社会资本的管理效率、技术创新有机结合，减少政府对微观事务的过度参与，提高公共服务的效率与质量。

（5）有效引导社会资本健康发展。在当下中国 PPP 的语境中，社会资本是个泛化的概念，既包括私人资本/民间资本（Private Sector），也包括国有企业。改革开放几十年，中国社会积累了巨额的财富和资金，但随着经济增速的放缓、出口的萎缩、房地产市场的去库存等，社会资本的投资空间逐步缩小，大量的资本亟须一个稳定且有利可图的出口，而之前的社会资本对房地产、矿产、股票等市场的非理性投机行为，严重影响了正常的社会经济发展秩序。通过 PPP 模式，政府引导社会资本进入基础设施和公共服务领域，通过严格的政策安排和监管机制，盘活社会存量资本，激发民间投资活力，拓展企业发展空间，鼓励、引导和保障社会资本健康稳定发展，提升经济增长动力，促进经济结构调整和转型升级。

（6）促进经济发展和城镇化建设。基础设施对经济发展和城镇化有巨大的推动作用，通过 PPP 模式大量引入投资，加快基础设施项目建设，有利于整合社会资源，拓宽城镇化建设融资渠道，形成多元化、可持续的资金投入机制，既有利于促进 GDP 增长和城镇化发展，也有利于促进就业、消除贫困、提升广大居民的公共服务水平和生活水平。

第二节　中国 PPP 驱动因素的影响测度

本书在文献调研和专家访谈的基础上，结合中国的国情及数据的可获得性，识别 PPP 发展空间格局分异的影响因素，利用地理探测器中的因子探测器和交互作用探测器从省级尺度层面探测 PPP 发展空间格局分异的影响因素及其交互作用。

一、研究方法

地理探测器（GeoDetector）是中科院地理所王劲峰研究员开发的一个地理空间统计分析工具（软件网址：http：//www. geodetector. org）。地理探测器是探测空间分异性（Spatial Stratified Heterogeneity）以及揭示其背后驱动力的一个统计学方法。其核心思想基于如下假设：如果某个自变量对某个因变量有重要影响，那么自变量和因变量的空间分布应该具有相似性（王劲峰和徐成东，2017）。

地理探测器的适用目的：①度量给定数据的空间分异性；②寻找变量最大的空间分异；③寻找因变量的解释变量。

地理探测器的适用条件：①擅长自变量 X 为类型量（如果为数值量，

需做离散化处理），因变量 Y 为数值量的分析；②地理探测器可以用 <30 的样本量达到其他模型更大样本量才能达到的统计精度；③对变量无线性假设，属于方差分析（ANOVA）范畴；④地理探测器探测两变量真正的交互作用，而不限于计量经济学预先指定的乘性交互；⑤地理探测器原理保证了其对多自变量共线性免疫；⑥在分层中，要求每层至少有 2 个样本单元。

地理探测器包括 4 个探测器：

（1）因子探测。探测 Y 的空间分异性，以及探测某因子 X 多大程度上解释了属性 Y 的空间分异，用 q 值度量，见式（4-1）。q 的值域为 [0, 1]，值越大说明 Y 的空间分异性越明显；如果分层是由自变量 X 生成的，则 q 值越大表示自变量 X 对属性 Y 的解释力越强，q 值表示 X 解释了 100×q% 的 Y。

$$q = 1 - \frac{\sum_{h=1}^{L} N_h \sigma_h^2}{N\sigma^2} = 1 - \frac{SSW}{SST}$$

$$SSW = \sum_{h=1}^{L} N_h \sigma_h^2, \quad SST = N\sigma^2 \tag{4-1}$$

（2）交互作用探测。识别不同风险因子 X_i 之间的交互作用，即评估因子 X1 和 X2 共同作用时是否会增加或减弱对因变量 Y 的解释力。交互探测器示意图如图 4-1 所示。

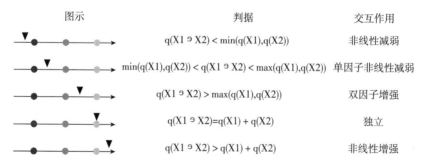

图示	判据	交互作用
	$q(X1 \cap X2) < \min(q(X1), q(X2))$	非线性减弱
	$\min(q(X1), q(X2)) < q(X1 \cap X2) < \max(q(X1), q(X2))$	单因子非线性减弱
	$q(X1 \cap X2) > \max(q(X1), q(X2))$	双因子增强
	$q(X1 \cap X2) = q(X1) + q(X2)$	独立
	$q(X1 \cap X2) > q(X1) + q(X2)$	非线性增强

● $\min(q(X1), q(X2))$：在 $q(X1), q(X2)$ 两者取最小值 ● $q(X1) + q(X2)$：$q(X1), q(X2)$ 两者求和
● $\max(q(X1), q(X2))$：在 $q(X1), q(X2)$ 两者取最大值 ▼$q(X1 \cap X2)$：$q(X1), q(X2)$ 两者交互

图 4-1 交互探测器示意图

（3）风险探测。用于判断两个子区域间的属性均值是否有显著的差别，用 t 统计量来检验见式（4-2）。

$$t_{\overline{y}_{h-1}-\overline{y}_{h-2}} = \frac{\overline{Y}_{h=1}-\overline{Y}_{h=2}}{\left[\dfrac{Var\left(\overline{Y}_h=1\right)}{n_{h=1}}+\dfrac{Var\left(\overline{Y}_h=2\right)}{n_{h=2}}\right]^{1/2}} \qquad (4-2)$$

（4）生态探测。用于比较两因子 X1 和 X2 对属性 Y 的空间分布的影响是否有显著的差异，以 F 统计量来衡量，见式（4-3）。

$$F = \frac{N_{X1}\left(N_{X2}-1\right)SSW_{X1}}{N_{X2}\left(N_{X1}-1\right)SSW_{X2}}$$

$$SSW_{X1} = \sum_{h=1}^{L1}N_h\sigma_h^2, \quad SSW_{X2} = \sum_{h=1}^{L2}N_h\sigma_h^2 \qquad (4-3)$$

地理探测器没有过多的假设条件，主要被用来分析各种现象的影响因子以及多因子的交互作用（Wang and Hu，2012）。地理探测器起源于疾病风险因素分析，目前在区域经济、旅游、规划、考古、城镇化等诸多领域得到了应用（湛东升等，2015；丁悦等，2014；武鹏等，2018；杨丰硕等，2018）。

本书主要采用其中的因子探测和交互探测进行研究。

二、驱动因素识别

过去几十年中国经历了经济和城镇化双重快速增长的过程，基础设施是经济发展的基础和保障，也是城镇化的重要组成部分。基础设施的历史欠账和巨大资金缺口为 PPP 模式提供了市场需求。因此，选取 GDP、固定资产投资额和城镇化率作为 PPP 发展格局分异的影响因素是合理的。此外，PPP 的一个很主要的驱动因素就是弥补政府财政资金投入的不足，因此地方政府的财政收入、财政支出和当地的资金总量（金融机构本外币各项存款余额）对 PPP 也有重要影响。本书以省级行政单元为衡量尺度，选取了资金总量（金融机构本外币各项存款余额）、GDP、城镇化率、财政收入、财政支出、固定资产投资额等关键指标作为自变量，在地理探测器中分别用 X1、X2、X3、X4、X5、X6 指代，以 PPP 项目数作为因变量，利用地理探测器，进行空间分异影响的测度分析。

考虑到数据可获得性现状，本书通过各类年鉴收集了 1998—2013 年全国 31 个省份的 GDP、财政收入、财政支出、固定资产投资、城镇化率和资金总量等数据。地理探测器要求自变量应为类型量，如果自变量为数值量，需要进行离散化处理。因此，本书对 GDP、财政收入、财政支出、固定资产投资、城镇化率和资金总量等数据通过 SPSS 中的 Hierarchical Cluster 进行聚类，分为 5 级。

三、驱动因素测度与分析

将数据输入地理探测器模型进行风险探测、因子探测、生态探测和交互作用探测分析，结果显示：

因子探测器主要探测某因子 X 多大程度上解释了属性 Y 的空间分异，即各影响因素对 PPP 发展空间格局分异的解释程度。本书的因子探测结果如表 4-2 所示。按照解释度强弱顺序为：X2 GDP>X4 财政收入>X3 城镇化率>X1 资金总量>X6 固定资产投资额>X5 财政支出。其中，GDP 的影响作用最大，这表明经济越发达的地区，主要是东部地区，PPP 项目越多，其原因可能在于东部地区是中国最早实行改革开放的区域，较早参与了全球化，因而相对其他地区具有较好的法制意识、市场意识和信用意识，对 PPP 模式的认识也更加客观，而且在 PPP 的应用过程中，东部地区地方政府运作规范、政府信用高，对投资人具有较大的吸引力，PPP 项目的成功率也较高。排在第二位的是财政收入，一般而言，由于 PPP 具有弥补财政资金不足的优点，应当是财政收入低的地方 PPP 项目多，但过去几十年中国 PPP 发展格局呈现相反态势，财政收入高的东部地区反而 PPP 项目多，其原因可能还是前述的经济发达地方政府信用高、支付能力强，对社会资本吸引力高，有助于项目落地。城镇化率排在第三位，主要是因为城镇化率高的地方对基础设施和公共服务的需求大，PPP 的潜在市场空间较大。

资金总量多，则对 PPP 的融资支持度高，有助于 PPP 项目的实施。固定资产投资额和财政支出的解释度不高，原因可能在于转移支付和地方政府融资平台对 PPP 的冲击和替代，但需要进一步探索和证实。

表 4-2　因子探测结果

探测因子	影响因素	q 值
X1	资金总量	0.1706
X2	GDP	0.3462
X3	城镇化率	0.2342
X4	财政收入	0.2465
X5	财政支出	0.0593
X6	固定资产投资额	0.0739

资料来源：笔者自制。

交互作用探测器用以探测识别不同影响因素之间是否存在交互作用，如果存在交互作用，是否会增加或减弱对因变量的解释力。本书的影响因素交互作用探测器结果如表 4-3 所示。结果表明，所有影响因素均存在交互作用，所有影响因素交互后，两两之间均存在双线性加强或非线性加强。此外所有影响因素交互后其得分均大于两两因素得分之和，也就是说影响因素的共同作用均显著增强了对 PPP 空间分异格局的解释力。

表 4-3　交互作用探测器结果

	X1	X2	X3	X4	X5	X6
X1	0.1706					
X2	0.6481	0.3462				
X3	0.6037	0.5654	0.2342			
X4	0.4636	0.6392	0.6323	0.2465		
X5	0.4672	0.6815	0.4747	0.7271	0.0593	
X6	0.4806	0.5382	0.5214	0.4577	0.4433	0.0739

资料来源：笔者自制。

研究发现，1984—2013 年中国 PPP 发展的空间格局分异主要受 GDP、城镇化率、财政收入和资金总量等因素影响，各个因素的影响程度存在差异，但通过交互作用综合影响 PPP 发展。

本书识别了中国 PPP 发展存在时空分异的特征，并用地理探测器探测分析了影响因素，但时空分异格局的形成机理、影响因素识别及测度、2014年以前与 2014 年以后的 PPP 发展格局及特征的比较等内容需要在后续研究中得到展开和深化。

本书的主要启示就是，中国是一个幅员辽阔、社会经济发展不平衡不充分的国家，切忌采用全国"一刀切"的方法对待 PPP 政策的制定和执行。在有关 PPP 政策的决策中一定要考虑空间异质性，允许不同的地区根据当地的发展阶段、社会经济状况、发展需求和实际能力采取符合当地实际的措施。

第三节　中国 PPP 驱动因素的时空分异特征

中国地域幅员广阔，地区社会经济和发展环境差异悬殊，不同的区域即便是在同一时期，其发展阶段和社会经济状况也差异极大，前述分析证明了社会经济发展状况对 PPP 的重要影响，因此有理由假设 PPP 的驱动因素在不同时期和不同地区也存在显著差异，利用不同阶段的典型案例分析有助于深入识别和理解这种差异性及其原因。

一、基于典型案例的 PPP 驱动因素分异分析

不同时期、不同区域的 PPP 案例基本反映了当时当地 PPP 的驱动因素及其背景，通过对典型案例的深入剖析，有助于更直观和直接地理解 PPP 驱动因素的时空差异。从本书收集的项目库中，考虑到典型性和资料获取

情况，选择了下述案例进行分析。

1. 广西来宾 B 电厂 BOT 项目

项目概况：进入 20 世纪 90 年代后，随着中国经济的腾飞，公共基础设施如公路、码头和电厂发展严重滞后，其中以公路和电厂项目需求最为迫切。为了满足发展需求，中国政府积极鼓励和引导外商投资，1995 年国家计委、电力部和交通部联合下发了《关于试办外商投资特许权项目审批管理有关问题的通知》，标志着国家层面的 BOT 应用开始推行，当时国家选择了广西来宾 B 电厂、成都第六水厂、长沙电厂、武汉军山长江大桥和广东淀白高速公路五个项目作为 BOT 试点，其中广西来宾 B 电厂和成都第六水厂进展顺利，其余三个项目由于各种原因都未能成功。

来宾 B 电厂的二期工程，位于广西壮族自治区来宾县城，包括两台 36 万千瓦火电机组，采用 BOT 模式，即社会资本负责项目的投融资、设计、建造、设备采购、运营维护，期满无偿转交。最后，法国电力国际和通用电气阿尔斯通联合体中标。作为第一个原国家计委批复试点的 BOT 项目，该项目的成功实施为中国 PPP 项目的推广起到了示范作用。

项目过程：1995 年 3 月，咨询公司编制了 BOT 可行性分析报告和初步财务分析报告，随后协助广西政府提交中央政府审批，1995 年 5 月 10 日，国家计委正式批准来宾 B 电厂项目为中国 BOT 试点项目。1995 年 8 月，分别在《人民日报》（海外版）、《中国日报》（英文版）发布了资格预审通告，共有 31 家国际公司（23 家）和公司联合体（8 家）递交了资格预审申请文件，其中包括不少世界著名的电力运营和设备供应公司，最终共有 6 家投标人递交了投标书。1996 年 11 月 11 日，广西政府和法国电力联合体签署来宾 B 电厂项目的 PPP 协议。来宾 B 电厂项目特许经营期是 18 年，其中预计建设期为 33 个月，运营期为 15 年。来宾 B 电厂 PPP 项目已于 2015 年特许经营期满，正式无偿移交当地政府。

作为一个影响极大的典型 PPP 项目，来宾 B 电厂项目的顺利实施和移交可以说是树立了一个典范，实现了多方共赢。据报道，项目总投资 51.3 亿元，作为社会资本的法方获得利润约 45 亿元，而广西从上缴各类税费及

BOT 专项资金等方面收益达 91.2 亿元。项目移交当地政府后，来宾 B 电厂净值约为 12 亿元，至少还能运营 15 年（见图 4-2）。

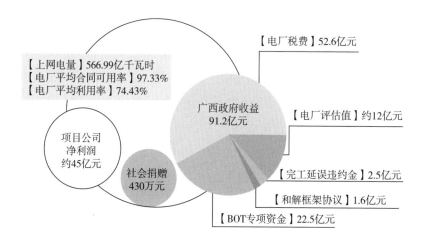

图 4-2　来宾 B 电厂特许经营期收益

资料来源：《来宾 B 电厂移交广西政府为我国 PPP 模式添范例》，《广西日报》2015 年 9 月 9 日。

项目驱动因素分析：20 世纪 90 年代，中国处于快速城镇化和经济快速增长阶段，基础设施的不足如交通物流不完善和电力不足成为全国各地制约经济增长和产业发展的普遍问题，而各地地方政府普遍财力不足，难以承担及时高效发展基础设施的重担。当时中国国企和民间资本都实力较弱、经验不足、技术和管理都不高，因此这一时期，吸引外商直接投资（FDI）弥补政府资金不足成为采用 PPP/BOT 模式的主要驱动因素，另外引入外企先进的技术和管理方法，提高服务效率和质量也是重要的驱动因素。

2. 北京地铁四号线 PPP 项目

项目概况：中国申奥成功，亟须通过加快基础设施建设进一步提升城市形象，迎接奥运会的到来。经过前期的论证研究和北京市政府的批准，决定在地铁的建设中引入 PPP 模式，经分析比较最终选定四号线项目实施 PPP 运作。北京地铁四号线是北京轨道交通路网中的主干道之一，南起丰台区南四环公益西桥，途经西城区，北至海淀区安河桥北，线路全长 28.2

千米，车站总数 24 座。四号线工程概算总投资 153 亿元，工程投资建设划分为 A、B 两个部分，A 部分包括洞体、车站等土建工程，投资额约为 107 亿元，约占项目总投资的 70%，由政府国有独资公司——京投公司成立的全资子公司负责投资建设；B 部分工程包括车辆、信号等设备资产，投资额为 46 亿元，约占四号线项目总投资的 30%，由通过市场化方法组建的 PPP 项目公司（特许经营公司）负责投资建设、经营和管理，实施特许经营。PPP 特许经营公司由京投公司、香港地铁公司和首创集团公司按 2∶49∶49 的出资比例组建。特许经营公司负责地铁四号线的运营管理、全部设施（包括 A 和 B 两部分）的维护和除洞体外的资产更新，以及站内的商业经营，通过地铁票款收入及站内商业经营收入回收投资。特许经营期为 30 年。

项目过程：2001 年，初步提出采用 PPP 模式的思路。2003 年 12 月，北京市政府批准了《关于本市深化城市基础设施投融资体制改革的实施意见》。2004 年 9 月，编制完成《北京地铁四号线 PPP 项目实施方案》，并于当年 11 月获得批准。自 2004 年正式向社会推出本项目后，先后有香港地铁公司、中信集团、西门子公司、新加坡地铁公司等十余家公司表达了投资意向。经多番考察、沟通和比较，符合条件的投资者只有香港地铁有限公司—北京首创集团有限公司和西门子公司交通技术集团—中国铁道建筑总公司—北京市地铁运营有限责任公司。由于潜在合格投资人不足三家，本项目采用竞争性谈判方式选择投资方。2005 年 2 月，北京市交通委代表市政府与港铁—首创联合体草签了《北京地铁四号线特许经营协议》。2006 年 4 月，北京京港地铁公司与北京市交通委正式签署《特许协议》。北京地铁四号线于 2009 年 9 月 28 日通车开始试运营。

项目驱动因素分析：北京市是首都也是经济中心，经济发达，财力雄厚，政府对基础设施的投入一直较高，资金短缺并不是地方政府选择 PPP 模式的主要原因。当时北京市已经建成多条地铁，并有多条地铁处于在建状态，但这些地铁都是由政府负责投资、建设、运营的，政府希望通过北京地铁四号线采用 PPP 模式进行试点，探索地铁投融资模式创新，促进轨道交通运营机制改革，形成同业激励机制。北京地铁四号线 PPP 项目中投资人（港铁—首创—京港联合体）投入的资本金为 13.8 亿元，仅占总投资 153 亿元的 9%（见图 4-3）。因此，北京地铁四号线项目采用 PPP 模式的驱动因素主要是引入吸收国际轨道交通行业先进管理经验，促进北京市轨道交通管理水平的提高和技术进步，促进轨道交通建设运营机制改革。

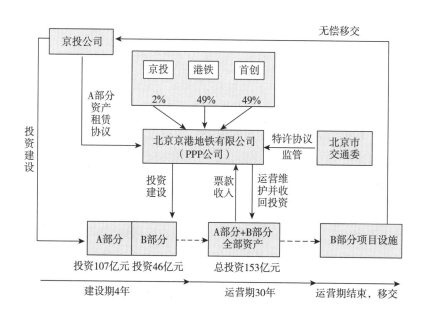

图 4-3　北京地铁四号线 PPP 项目结构

资料来源：笔者根据资料自绘。

3. 兰州自来水公司股权转让

项目概况：兰州市供水（集团）有限公司（以下简称集团公司）改制前，集团公司运营效率低下，经营长期亏损，发展遇到瓶颈。为转变企业经营机制，盘活国有存量资产，提高公用行业运营效益和服务水平，解决集团公司发展的资金瓶颈等问题，2005 年兰州市委、市政府决定通过招投标、特许经营的方式实行集团公司的增资扩股和股权转让，并将该项目列为兰州市公用行业国企改革资产重组的重点项目。兰州供水集团公司部分股权转让合资经营项目通过国际公开招标的方式引入战略投资人，运作模式如下：引入投资人向供水集团公司增资以弥补现有建设工程资金缺口；通过引入外部投资人打破政府垄断的现状，实现集团公司股权多元化和城市供水行业的市场化运作；实施国有股权部分转让，同时通过转让职工股份的方式实现职工股份变现，以支付职工身份转换经济补偿金；政府授予改制后的新公司30年的特许经营权，由改制后的公司在特许期内负责兰州市城市供水的经营管理；投资人通过股东分红的方式获得投资回报，特许期结束后政府向投资人回购股权；同时，为保证广大消费者的利益，投资人的经营活动要严格按照特许经营协议的规定，接受政府的监督。

项目过程：2005年6月，兰州市供水（集团）有限公司受兰州市政府、兰州市国资委委托成立由兰州市国资委、兰州市城市建设管理委员会和兰州市城市供水（集团）有限公司组成的考察小组，开展全方位调研，并完成了《出让兰州市供水（集团）有限公司部分股权合资经营实施方案》。2006年5月底，项目的改制和融资招商工作启动，经过半年多的实施，项目领导小组完成了股权转让及增资扩股方案、特许经营实施方案等汇报文件和招商文件的起草。2007年初，兰州市国资委、兰州市建委与威立雅水务—通用水务公司草签了《兰州供水集团公司股权转让及增资协议和特许经营协议》。2007年7月30日，商务部批准了兰州市供水集团公司部分股权转让合资经营项目。2007年8月，供水集团公司与威立雅水务（黄河）投资有限公司合资组建的中外合资企业——兰州威立雅水务（集团）有限责任公司完成了企业工商注册，正式成立。2007年11月15日，兰州市建委与兰州威立雅水务（集团）有限责任公司举行城市供水特许经营权授予仪式，兰州威立雅水务（集团）有限责任公司成为兰州市第一家获得特许经营的市政公用企业，标志着兰州市市政公用事业的改革向前迈出了一大步。

项目驱动因素分析：作为传统模式下基础设施领域投资建设运营主体的大量国有企业，运营成本高，效益差，服务不完善，历史负担重，难以满足群众的需求和发展的要求，亟须通过各种方式进行体制机制改革。兰州市供水（集团）有限公司就是一个典型的例子。兰州供水集团采用PPP

模式，通过增资扩股和股权转让方式引入社会资本的主要驱动因素，就是引入资本、解决企业发展资金瓶颈和转变经营机制、打造市场化主体，进而提升水务服务的效率和质量，从而满足群众需求和社会经济发展需求。在这种需求驱动下，当时除了兰州水务外，还涌现了浦东自来水、深圳水务、天津市北水业公司、银川供水、重庆江北自来水、马鞍山水务、常州水务、厦门水务、徐州水务等国有基础设施公司股权转让案例。

4. 盘锦市第二污水处理厂 PPP 项目

项目概况：盘锦市第二污水处理厂占地面积 10.3 公顷，设计规模为 10 万立米/日，服务于整个双台子区，负责生活污水的收集和处理。盘锦市第二污水处理厂项目被列为盘锦市"十一五"规划的重点项目，本项目于 2008 年开始建设，应于 2009 年 10 月建成投产，但根据项目实际建设进度达到商业运营于 2010 年 6 月投产。本项目的建设申请了世界银行贷款和国债资金。为了融资需要和引进有实力的专业水务公司对项目运营管理，盘锦市政府决定以 TOT 特许经营方式实施本项目，最终通过政府采购竞争性谈判方式确定柏林水务中国控股有限责任公司（以下简称柏林水务中国）为中选供应商，特许经营期限为 30 年，污水处理服务费单价为 1.02 元/立方米，特许经营权购买价款为 1.55 亿元。柏林水务中国为实施本项目在盘锦成立项目公司——盘锦双泰污水处理有限公司，盘锦市人民政府与盘锦双泰污水处理有限公司正式签署《盘锦市第二污水处理厂特许经营协议》。

项目过程：2008 年 3—9 月，盘锦市城建局曾三次发放招商意向表，邀请日本丸红公司、北京凡和公司、大连东达公司、中法水务公司、新加坡凯发公司参与本项目，其中仅日本丸红公司和大连东达公司提出书面反馈意见并做出实质性响应。经城建局比选后推荐东达公司为项目投资者，双方签署了《盘锦市第二污水处理厂项目市场化运作框架协议》。双方经历了三轮谈判，因双方在项目资产所有权、融资权、调价公式及违约终止问题上无法达成一致，同时东达公司对特许经营协议条款的修改违背了框架协议，政府方也无法接受污水处理服务费单价，最终无法达成合作。2009 年 1 月，盘锦市城建局重新启动本项目的招商工作，采用直接谈判方式，分别与新加坡凯发集团、新加坡联合环境技术有限公司、大连东达集团有限公司和国中水务有限公司四家意向投资企业洽谈。经过多轮谈判，仍未确定最终投资人。2009 年 11 月，市政府决定以政府采购竞争性谈判方式，面向社会公开选择特许经营者。11 月 27 日发布谈判公告；12 月 16—17 日开始竞争性谈判，由谈判小组推荐中选供应商，并报市政府。12 月 22 日由市政府常务会议决定中选供应商为柏林水务中国。2009 年 12 月 29 日至 2010 年 1 月 18 日，与柏林水务中国就特许经营协议进行谈判。2010 年 1 月 19 日，签署特许经营协议。

项目驱动因素分析：TOT 项目属于已经建成能立即投入使用的项目，对于地方政府来讲，采用 TOT 模式主要基于两个因素：通过资产运营权转让获得一次性转让费用于其他基础设施项目建设；通过引入社会资本提升服务质量和效率。盘锦市第二污水处理厂 PPP 项目就是典型的例子，通过 TOT 模式不仅一次性获得了 1.55 亿元资金，还通过竞争有效降低了污水服务费单价，并引入了国际水务巨头成熟的管理经验。

5. 浙江平阳三座污水厂 BOT 项目

项目概况：平阳县水头、萧江、东海污水处理厂的建设是平阳县深化鳌江流域水污染整治实施的重点项目和"十二五"规划全力攻坚的十大项目之一。也是浙江省对温州市、温州市对平阳县实行"一票否决"的重点考核项目。水头污水处理厂位于平阳县水头镇胜利村，主要收纳污水范围为水头镇和腾蛟镇，近期规模 3 万立方米/天，占地面积约 48.3 亩。萧江污水处理厂位于平阳县萧江镇岩山村，主要收纳污水范围为萧江镇和麻布镇，近期规模 0.75 万立方米/天，占地面积约 30 亩。东海污水处理厂位于平阳县万全镇海滨村，主要收纳污水范围为万全镇和海涂围垦区，近期规模 1 万立方米/天，占地面积约 49.5 亩。本项目采用公开招标政府采购形式进行。县政府授权行业主管部门平阳县规划建设局具体实施本项目。

项目过程：2010 年，平阳县政府决定采用 PPP 模式推进当地污水处理厂建设，在原有昆鳌污水处理厂 TOT 项目的基础上通过 BOT 模式新建三座污水处理厂。2011 年 5 月完成实施方案并获得审批通过，7 月完成招标文件等编制，正式启动采购工作，第一次招标由于有效投资人不足三家而流标。经过第二次招标，最终浙江长业基础设施投资有限公司中标。

项目驱动因素分析：平阳县隶属民营经济极为发达的温州市，地方政府财力雄厚，但基础设施建设相对滞后，尤其是针对当地皮革（中国的皮革之都）等工业废水的处理设施极为匮乏，严重影响生态环保。此外，由于在污水处理工作方面不得力，当地县政府受到环保部的严厉批评。三座污水厂 BOT 项目的注册资本金占投资额的 30%，即 7200 万元，而平阳县 2010 年财政收入 21.6 亿元，政府资金压力较小。因此，当地政府采用 PPP 模式的主要原因并不是政府财政投入不足，而是希望通过 PPP 模式引入有实力、有经验的社会资本，帮助当地提升污水处理水平、效率和质量，促进政府职能转变，推动机制改革，使环保等职能部门从"运动员"变为"裁判员"，从执行机构和行业主管机构并存转为单一的行业主管和监督机构。在这种思路指导下，当地政府明确提出希望投资人是具有丰富业绩、技术人员齐全、管理经验突出的国有大企业，并明显表示出对外商投资企业和民营企业的排斥，这在一定程度上导致了项目推进的曲折。

6. 安庆外环北路 PPP 项目

项目概况：安庆外环北路位于安庆市东北部，是安庆市中心城区主干路系统的重要组成部分，PPP 项目段道路设计全长约 14.93 千米（桥隧比为 28.68%），道路等级为城市主干路。该项目按工程量清单方式计价，工程建设投资部分控制价为 15.26 亿元，另含 4.5 亿元包干工程建设其他费用，共计 19.76 亿元。安庆市人民政府于 2014 年底成立 PPP 项目工作领导小组，启动实施本项目，并授权安庆市住房和城乡建设局为项目实施机构，具体负责本项目社会资本的采购工作。安庆市人民政府授权安庆市城市建设投资发展（集团）有限公司（以下简称安庆市城投公司）作为本项目政府方出资代表，与社会资本共同新设项目公司，安庆市城投公司持股比例为 12%，中选社会资本持股比例为 88%。安庆外环北路采用 DBFO 的运作方式，由安庆市人民政府通过公开招投标，将项目设计、投资、融资、建设、运营维护等全部交由中选的社会资本实施（见图 4-4）。整个项目的合作期限为 13 年，分为建设期和运营期，其中建设期不超过 2 年，运营期 11 年。

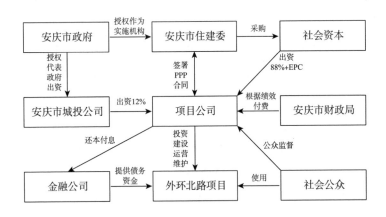

图 4-4　安庆外环北路 PPP 项目结构

资料来源：谢瑜、贺颖：《市政道路的 PPP 模式探索——以安庆外环北路 PPP 模式项目为例》，《宁波经济丛刊》2015 年第 4 期，第 4-6 页。

项目过程：2015 年 1 月，咨询公司编制实施方案。2015 年 4 月，安庆市外环北路 PPP 项目公开招标，经过几轮激烈竞争，最终北京城建设计集团脱颖而出。2015 年 5 月，安庆市住房和城乡建设局、中选社会资本签署 PPP 项目协议，安庆市城投公司、中选社会资本签署合资协议和公司章程。项目于 2016 年 9 月完工并通车试运营。

项目驱动因素分析：进入 21 世纪，中国经济持续快速增长。2010 年，中国 GDP 超过日本成为第二大经济体，在经济发达的东部沿海地区，政府财力较雄厚，社会资本规模庞大，也初步建立了较完善的基础设施系统，通过 PPP 模式引入经验丰富、技术力量突出、融资能力较强的社会资本，从而提升服务效率与质量并促进政府能力建设与职能转变，成为采用 PPP 模式的主要驱动因素。这种 PPP 动机也促使形成了这一时期 PPP 模式特色，即政府比较青睐大企业和国有企业。

7. 案例总结

对上述六个案例进行总结和比较分析，如表 4-4 所示。

表 4-4　PPP 典型案例驱动因素

案例	所处 PPP 阶段	项目社会经济背景	关键驱动因素
广西来宾 B 电厂 BOT 项目	第一阶段	处于快速城镇化阶段，经济高速增长，基础设施需求大，项目位于广西壮族自治区，经济基础薄弱，综合实力较弱，财政收入差	吸引外商直接投资（FDI），弥补政府资金不足，引入先进技术和管理
北京地铁 四号线 PPP 项目	第二阶段	项目位于经济较发达的北京市，财政收入好，由于申奥成功，地铁及基础设施需求建设大，尤其是对体制改革和建设运营模式改革有强烈需求	引入吸收国际轨道交通行业先进管理经验，促进北京市轨道交通管理水平的提高和技术进步，促进轨道交通建设运营机制改革
兰州自来水 公司股权转让	第二阶段	位于西部的兰州市，传统模式下作为基础设施领域投资建设运营主体的大量国有企业，效率低下，运营成本高，效益低，服务不完善，历史负担重，难以满足群众的需求和发展的要求	引入资本，解决企业发展资金瓶颈和转变经营机制，打造市场化主体，进而提升水务服务的效率和质量，从而满足群众需求和社会经济发展需求
盘锦市第二污水 处理厂 PPP 项目	第三阶段	位于东北地区，发展相对滞后，经济处于转型时期，政府对引入外资有考核要求。原有的政府负责建设运营的基础设施项目效益低、服务不佳、群众满意度不高	引入外资，获取基础设施建设资金，提高服务效率和质量
浙江平阳三座 污水厂 BOT 项目	第三阶段	位于经济发达的东部地区，政府财力雄厚，民间资本发达，政府较开明，信用较好，工作较为规范	引入专业的运营商，提高建设和运营质量与效率，提升服务质量，促进政府职能转变
安庆外环 北路 PPP 项目	第四阶段	位于东部地区，经济较发达，财政状况较好；快速城镇化阶段向平稳城镇化阶段转变；基础设施需求日趋平缓，对质量和效率的需求较大	引入经验丰富、技术力量突出、融资能力较强的社会资本，从而提升服务效率与质量并促进政府能力建设与职能转变

资料来源：作者自制。

二、PPP 驱动因素时空分异特征及作用机理

从上述案例可以看出，受到社会经济发展阶段、城镇化进程、国际环境等因素的影响，中国 PPP 的驱动因素具有显著的时空分异特征。各个阶段的特征及影响因素分析如下：

（1）2002 年以前，采用 PPP 模式的驱动因素主要是弥补财政资金投入不足。2002 年之前的中国经济虽然一直处于快速增长阶段，但由于基数低，总量不足（见图 4-5），财政收入也低（见图 4-6）。政府对于基础设施投入的财力严重不足，难以满足实际需求，而经济发展又迫切需要完善的基础设施支撑，这种矛盾的不断激化促使政府采用 PPP 模式。而且，当时中国的国有企业和民间资本都实力较弱，因此 PPP 主要以吸引外资（FDI）为主。通过引入外资，加快基础设施建设，进而促进经济增长，推动城镇化发展。在此前提下，政府愿意承担不合理的风险，甚至接受了外商提出的固定回报担保等不合理条款，这为后来出现的问题埋下了隐患。

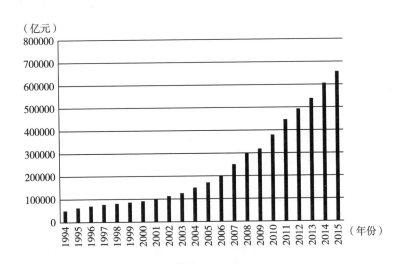

图 4-5　1994—2015 年中国 GDP 发展

资料来源：作者自绘。

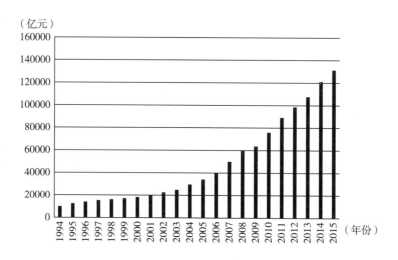

图 4-6　1994—2015 年中国财政收入

资料来源：作者自绘。

（2）2003—2013 年，PPP 模式驱动因素在中西部地区和东北地区仍停留在弥补资金缺口阶段，但沿海发达地区采用 PPP 更多的是为提高服务质量和效率，促进政府职能转变。这种转变的结果就是地方政府在风险分担上更理性，在 PPP 运作上更规范和公开，对 PPP 的认识更理性化，对投资人的要求更实用，不盲目追求成本高限制多风险多的外资，而是青睐实力强、熟悉政府程序、融资能力强的国有企业和经过多年发展具备了相当实力和业绩的大型民营企业。这种发展特征的原因主要在于：①社会经济的跨越式发展。进入 2003 年后，中国 GDP 增长极快，2005 年进入世界前五，2006 年成为第四大经济体，2008 年位列世界第三，2010 年超过日本跃居世界第二位。财政收入的剧增，以融资平台和土地财政为工具的融资能力提升，是根本原因。②东部地区政府治理能力的提升，尤其是对 PPP 的治理能力明显提升，经过多年的实践和交流，政府熟悉了 PPP 模式，也形成了具有中国特色的 PPP 运作流程模板等。③基础设施的发展推动。经过改革开放后二十多年的大量建设，进入 21 世纪后，历史欠账已经基本还清，基础设施形成了初步完善的体系，尤其是东部地区更加明显，基础设施从数量发展进入质量提升阶段，迫切需求不是投资而是专业运营。④PPP 自身的发展推动。广义 PPP 模式具有一定的弹性和拓展性，能适应不同的需求，在经过十几年的发展后，政府逐渐认识到 PPP 在提升效率和质量、促进政府职能转变方面的优势。

（3）2014—2020 年，PPP 模式的驱动因素处于多元化并存态势。2014年以来，在以财政部为首的国家部委的强力推动下，形成了新一轮的 PPP 热潮。截至 2020 年 3 月，财政部的全国 PPP 综合信息平台入库管理的 PPP 项目有 9458 个，项目总投资约 14.39 万亿元，涵盖了能源、交通运输、水利建设、生态建设和环境保护、市政工程等 19 个行业。全国各个省份的 PPP 驱动因素呈现明显的地域分散化，经济发展滞后和落后的地区对 PPP 模式比较热衷，项目较多，但不规范的项目也多；而发达地区的 PPP 项目不多，但比较规范。其原因可能包括：①行政主导而非市场推动。这一轮最明显的特征就是政府主导和自上而下的强力推进，很多地方采用 PPP 模式并非出于合理的市场分析，而是在缺乏科学论证的基础上迅速推进。②宏观环境影响。近年来中国经济处于动能转换阶段，迫切需要新的经济增长点来刺激经济，政府有意识在基础设施领域通过 PPP 模式吸引社会资本进而带动资本市场，拉动投资，促进消费。③国家对地方政府融资平台的限制。2014 年出台的《国务院关于加强地方政府性债务管理的意见》（国发〔2014〕43 号文）具有里程碑意义，严格限制了传统的地方政府融资模式，剥离了融资平台的政府融资功能，在这种情况下，很多地方政府以 PPP 模式取代融资平台作为推进城镇化和基础设施建设的主要路径。④对 PPP 模式认识的深化。2014 年以来的 PPP 热潮之初，地方政府对 PPP 认识不够科学深入，停留在简单的融资功能层面。随着近年来的推广和学习，地方政府对 PPP 模式的认识不断深化和客观，切实把 PPP 看作加快转变政府职能、提升国家治理能力、深化财税体制改革、构建现代财政制度的重要工具。在实际执行中，区域之间仍然存在一定差异。

第五章 2014 年以来中国 PPP 新政评估

第一节 研究目标与数据获取

2014 年以来的 PPP 新政是中国 PPP 发展史上推广力度最大、涉及范围最广、政策最多的一个阶段。通过政府的大力推广和宣传，PPP 在中国成为全社会关注的热点，各级政府和各类机构逐步接受了 PPP 的理念和模式。2014 年以来，中国的 PPP 新政到底是对过去 PPP 模式的一个创新发展还是只是一个简单的延续？对其做一个评估有利于中国 PPP 的经验总结和健康发展。本书对 2014 年之前的 PPP 项目库和财政部 PPP 项目库 2014 年之后的项目数据进行比较分析，从而识别规律、总结经验、发现问题并提出政策建议。

2013 年，党的十八届三中全会明确提出"允许社会资本通过特许经营等方式参与城市基础设施投资和运营"。此后，以财政部为引领的国家有关部委关于 PPP 的政策不断出台和升级，新的 PPP 热潮正式形成。这一轮的 PPP 热潮起步于 2013 年底，但正式推广是在 2014 年，以财政部的《关于推广运用政府和社会资本合作模式有关问题的通知》为标志。财政部公布了《政府和社会资本合作（PPP）综合信息平台信息公开管理暂行办法》，建立了统一的公开的 PPP 信息平台，要求各地政府的 PPP 项目信息必须上报入库。

由于行政体制导致的部门分割，当前中国存在国家发展和改革委员会和财政部两套 PPP 实施体制。两个部门各自发布了 PPP 实施指南，在实施程序上存在一些差异，如国家发展和改革委员会的 PPP 程序不需要财政承受能力论证和物有所值评价。此外，两个部门各自成立了 PPP 项目数据库。在地方政府的实际运行中，一方面财政部政策推出较早，力度较大，另一方面财政部负责财政支付，因此目前大多数 PPP 实施遵照财政部的规定执行。但在很多地方，地方政府部门认识到了部门分割的危害，有意识地成立了跨部门的 PPP 中心或 PPP 领导小组。

国家发展和改革委员会和财政部通过发布文件初步形成了明确但有交叉的实施领域分工。国家发展和改革委员会主要负责传统基础设施，包括能源、交通运输、水利、环保、农业、林业、重大市政工程等领域。财政部主要负责公共服务，包括能源、交通运输、市政工程、农业、林业、水利、环境保护、保障性安居工程、医疗卫生、养老、教育、科技、文化、体育、旅游等领域。财政部提出了"两个强制"原则，即在垃圾处理、污水处理等公共服务领域，新建项目要"强制"应用 PPP 模式。在其他中央财政给予支持的公共服务领域，对于有现金流、具备运营条件的项目，要"强制"实施 PPP 模式识别论证，鼓励尝试运用 PPP 模式。

为了形成可复制、可推广的实施范例，财政部先后组织评审了三批 PPP 示范项目，共 752 个项目，投资总额 20089 亿元。根据财政部示范项目申报工作通知规定，示范项目要求：首先，属于能源、交通等适宜采用 PPP 模式的公共服务领域；其次，这些项目必须纳入城市总体规划和各类专项规划，新建项目应已按规定程序做好立项、可行性论证等项目前期工作；再次，合作期限原则上不低于 10 年；最后，对采用建设—移交（BT）方式的项目，一概不予受理。

此外，在 PPP 信息公开、国际合作、金融支持等方面，这一轮 PPP 热潮都相对过去取得了显著的改善和提升。尤其是 PPP 项目信息资料，包括实施方案、财政承受能力论证和物有所值评价等文件的公开和 ABS（Asset-backed Securitization）等金融工具的推行，具有重要和深远的影响。

对于 2014 年之前的中国 PPP 项目，目前缺乏一个官方的数据库，本书通过公开的搜索引擎，利用关键字检索获取原始项目信息，再进行信息交又验证，最后构建了 2014 年之前的中国 PPP 项目库。2014 年之后的项目依据财政部 PPP 项目库，为了保持口径一致，本书对财政部 PPP 项目库进行二次筛选，将其分为两个数据库，即落地项目库和储备项目库。

2014 年之前的 PPP 项目数据库包括 1221 个项目，全部为已完成采购项目，不含 BT 项目，截止时间为 2013 年 12 月 31 日；2014 年以来的落地项目库共有 1440 个项目，截止时间为 2016 年 12 月 31 日；2014 年以来的储备项目库有项目 9820 个，其中识别阶段 6932 个、准备阶段 1915 个、采购阶段 973 个。

第二节　2014 年前后 PPP 项目对比分析

一、投资规模

虽然部分项目缺乏确切的投资额，但 2014 年以前的 PPP 项目总的投资规模超过 1 万亿元，2014—2016 年的落地项目投资规模约 8400 亿元，2014—2016 年的储备项目投资规模约 9 万亿元（见图 5-1）。高投资额的单个项目

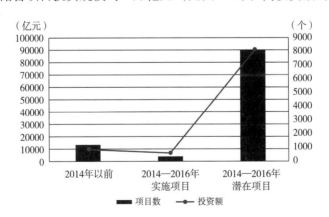

图 5-1　PPP 项目数量和投资额比较

资料来源：笔者自绘。

不断增多，进入实施阶段的 PPP 项目中投资最大的一个高速公路项目投资额高达 898 亿元，单个投资额超过 100 亿元的 PPP 项目多达 36 个。储备库中，单个项目投资额最大的为 722 亿元，单个投资额超过 100 亿元的 PPP 项目多达 194 个。而在 2014 年以前的 PPP 项目中，据不完全统计，单个项目投资额最大的为 543 亿元，单个投资额超过 100 亿元的 PPP 项目有 18 个，而且，投资超过 100 亿元的项目基本属于交通领域，尤其是高速公路居多。

二、分布区域

2014 年以前，东部经济发达地区 PPP 项目多，中西部经济欠发达地区 PPP 项目少。2014 年以后，中西部地区的 PPP 项目，不管是落地项目还是储备项目，均远多于东部地区，如图 5-2 所示。2014 年以前 PPP 项目最多的前五个省份为福建（122 个）、广东（116 个）、江苏（95 个）、浙江（79 个）、山东（75 个），均为经济发达的东部地区，2016 年的 GDP 排名分别为第 10 位、第 1 位、第 2 位、第 4 位及第 3 位。2014 年之后，落地 PPP 项目排前五的省份是山东（258 个）、新疆（155 个）、浙江（90 个）、四川（88 个）

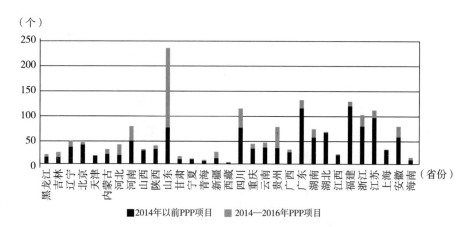

图 5-2　PPP 项目地区分布比较

资料来源：笔者自绘。

和河南（86 个），其中新疆、四川和河南均属于经济欠发达的中西部地区。储备排名前五的省份是贵州（1724 个）、山东（829 个）、内蒙古（770个）、四川（760 个）和河南（709 个），除了山东均属于中西部地区，其2016 年的 GDP 排名分别为第 21 位、第 3 位、第 15 位、第 6 位和第 5 位。

三、分布行业

在财政部的官方数据库中，PPP 项目涉及 14 个行业，无论在 2014 年之前还是之后，行业之间项目数量差异极大，如图 5-3 所示。2014 年以来的PPP 项目，包括落地项目和储备项目，数量最多的市政工程项目达到 4007

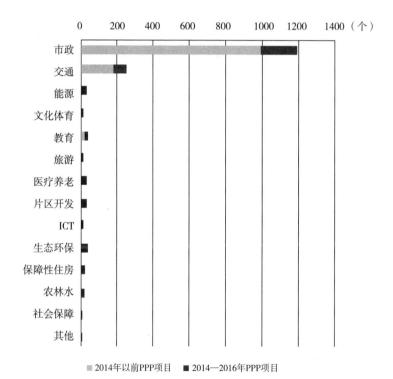

图 5-3　PPP 应用领域比较

资料来源：笔者自绘。

个，而最少的林业 PPP 项目仅为 19 个。一方面是由于市政工程本身涵盖领域非常广泛，包括了供水、污水处理、垃圾处理、供热、管网、市政道路、景观园林等领域；另一方面也说明具有良好稳定用户和收益的市政、交通等项目最适合采用 PPP 模式，最容易吸引社会资本。交通 PPP 项目的数量排在第二位，但投资额却排第一位，占全部投资的 36%，这主要是因为单个交通项目的投资额较大，平均为 353190 万元，而市政工程项目平均为 20494 万元。

四、具体运作模式

无论是在 2014 年之前还是在 2014 年之后，BOT 都是应用最广泛的模式，占据了绝对主导地位，如图 5-4 所示。在已经落地的项目中，包括 2014 年之前和之后，排在第二位的是 TOT 模式，但储备项目中，排第二位的却是 BOO 模式。这也许是因为 BOO 这种模式涉及产权和私有化，在中国这种政策环境较难落地。

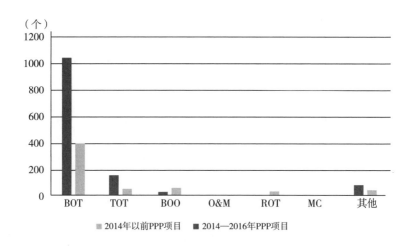

图 5-4 PPP 具体模式比较

资料来源：笔者自绘。

五、合作期

中国政府的文件明确规定了 PPP 合作期应当是 10—30 年。在落地项目和储备项目中，可以看出短于 10 年和长于 30 年的项目并不多。在 2014 年以来的落地项目中，合作期在 10—20 年的项目最多，占全部项目的 42.3%；而在潜在项目中，20—30 年的项目最多，占全部项目的 41.0%，如图 5-5所示。这种差异表明，合作期长的 PPP 项目更受市场青睐，更容易落地。

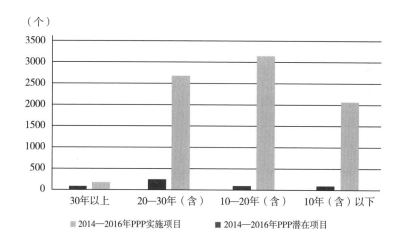

图 5-5　PPP 合作期限比较

资料来源：笔者自绘。

六、回报机制

财政部印发的《政府和社会资本合作模式操作指南（试行）》规定，PPP 项目的回报机制主要包括使用者付费、政府付费和政府可行性缺口补贴三种模式。一般而言，使用者付费机制主要适用于具有良好收益且收益能覆盖成本的项目，如高速公路、污水处理厂、自来水厂等；政府付费机制主要适用于无收益的项目，如市政道路项目；政府可行性缺口补贴机制适用于有收益但收益不足以涵盖成本需要政府补贴的项目，如轨道交通。国际上，英国的 PFI 项目都是政府付费项目，而法国的 PPP 项目主要是使用者付费项目。

2014 年之前，中国 PPP 项目基本都是使用者付费项目。2014 年之后，政府付费和政府可行性缺口补贴项目才得到推广适用，且项目非常多，如图 5-6 所示。在落地项目中，使用者付费项目最多，占全部项目的 37.7%。在储备项目中，使用者付费项目最多，占全部项目的 47.3%。政府付费项目不断增加，一方面表明市场对地方政府信用和财政支付能力的认可；另一方面也导致政府的中长期支出责任加大，加重了政府债务风险。

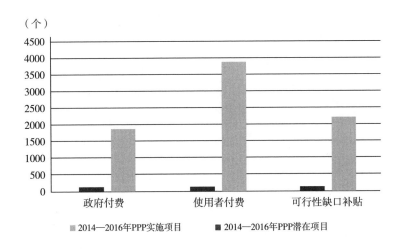

图 5-6 PPP 回报机制比较

资料来源：笔者自绘。

七、平均招标周期

从项目发起到签署 PPP 项目合同实际花费的时间，根据有详细信息的 53 个示范项目的统计，为 6 个月到 43 个月，平均 13.5 个月。这一数据在爱尔兰是平均34个月，在22个月到58个月之间（Reeves et al.，2015）；虽然英国和加拿大的官方目标期限为15—18个月，但实际分别达到了35个月和19个月（HM Treasury，2013）。在国外，由于PPP相对传统模式存在过于复杂、过长的招标周期和过高的前期费用等问题而一直饱受批评，也影响了PPP的推广实施。中国地方政府在PPP实施中为了效率部分放弃了对程序的严苛要求。此外，出于对PPP项目尽快实施尽快投入使用的要求，一些地方政府在未经过充分论证的前提下，就匆忙实施PPP项目，产生了很多隐患。

第三节　2014年以来中国PPP的发展特征与影响因素

一、发展特征

利用PPP项目库，通过时间序列的纵向比较和执行库与储备库的横向比较，可以看出，2014年以来中国的PPP发展呈现了不同以往的新特征。

仅2014—2017年，财政部PPP中心项目库入库的PPP项目就超过了2014年之前30年PPP项目的总和。此外，储备库里还有近万个储备PPP项目。

空间分异加剧，但差异格局呈现阶段性特征。无论是在2014年之前还是在2014年之后，中国的PPP项目存在显著的空间分异格局，但这种格局在2014年前后呈现完全不同甚至是相反的空间分布特征。2014年之前，经济发达的东部地区PPP项目多，中西部地区少。2014年之后，格局相反，中西部地区PPP项目多，东部地区相对较少。尤其是储备PPP项目，这种格局更为显著。作为中国经济发展中心的上海、北京和广东，2014—2017

年落地的 PPP 项目分别仅为 1 个、21 个和 49 个,而 2014 年之前分别为 29 个、37 个和 116 个,在全国各地 PPP 大发展的态势下,这几个经济发达省份的 PPP 项目反而减少。2014 年之前,PPP 项目最多的省份为福建,项目数为 122,最少的为西藏,数量为 2,全国各省份项目数均值为 39.4,标准差为 31.5。2014—2017 年,PPP 执行项目库中,PPP 项目最多的省份为山东,数量为 258,最少的省份为天津和西藏,均为 0,全国各省份项目数均值为 46,标准差为 51.6。可以看出,省际的差异进一步加大。

高度重视规范性建设。法治环境不完善一直被认为是中国 PPP 最大的不足,根据经济学人智库(Economist Intelligence Unit)2014 年发布的《亚太地区 PPP 发展环境评估报告》,中国的法律法规框架得分仅为 34.4,在亚太地区排名第 16 位(总共 21 个国家和地区)。2014 年之后,中国 PPP 发展相对于过去最大的进步就是高度重视制度建设和规范发展。2014 年之前的中国 PPP 发展主要是单个部门在推动,如 20 世纪 90 年代的国家发改委,21 世纪初期的建设部,其他部门很少参与。2014 年之后的中国 PPP 发展主要由财政部牵头,但涉及部门多,十几个部委都发布了支持 PPP 发展的相关文件。中国原本计划由财政部和国家发改委分别出台 PPP 法和特许经营法,但随后国务院明确由法制办制定统一的 PPP 法律。PPP 应用的领域比起 2014 年之前也大大拓展,2014 年之前 PPP 主要集中于市政和交通,2014 年之后,一些新的领域如保障性住房、农业、林业、水利等才大力推广适用 PPP 模式。据不完全统计,各个部门相继出台的 PPP 相关文件多达 70 多部。尤其是财政部不仅成立了全国性的 PPP 中心,负责指导 PPP 的规范发展,还形成了系统的指南文件,包括模式指南、物有所值评价指南、财政承受能力论证指南、PPP 政府采购等涵盖 PPP 前期主要流程的指南文件。财政部和地方财政部门及国家发改委都成立了专门机构负责 PPP 项目。PPP 从业人员包括政府、企业、咨询中介和金融机构等涉及 PPP 各阶段各方面工作的企业和人员,数量显著增多。专业人员的增加和 PPP 发展存在重要的交互关系,一方面,PPP 的快速发展吸引了更多的各个专业的优秀人才加入 PPP 行业;另一方面,大量有经验的专业人员的加入进一步推动了 PPP 的专业化和规范化发展。

项目签约率低。2014—2017 年落地项目库 PPP 总数为 1440 个，储备项目库 PPP 总数为 9820 个，二者之比为 1∶6.8。通过 2014 年以来的落地库和储备库的比较可以看出，中国潜在的 PPP 项目较多，但真正能有社会资本愿意投资进入执行阶段的项目并不多。原因可能在于，一方面 PPP 项目的落地周期（从识别到执行阶段）需要一定的时间；另一方面储备库中本身很多项目缺乏吸引力，甚至根本不适合做 PPP。

二、影响因素

2014 年以来，中国 PPP 的突变式发展及展示的新特征的原因很多，但本书认为其主要原因在于：

强势的政府主导作用。PPP 模式中，一般认为政府方应该主动，例如，在美国的 National Council for Public‐Private Partnerships（NCPPP）提出的 PPP 项目 7 个成功因素中，第一个就是政府部门主导，合理的 PPP 模式应当是有为政府和有效市场的结合，在充分发挥市场机制的基础上，界定并动态调整好政企双方的职责是 PPP 成功的重要因素和实施保障。在中国 PPP 的发展历程中，政府一直扮演着主导角色，20 世纪 90 年代国家计委推动了 PPP 发展的第一次高潮，21 世纪初期建设部主导了 PPP 发展的第二次高潮。但是，与之前的政府主导作用不同，在 2014 年以来的 PPP 热潮中，政府过于主动，部分取代了市场的作用，甚至将 PPP 项目的推进情况作为上级政府对下级政府、市政府对有关部门的考核指标之一。在大范围多层级推广下，出于绩效考核的需求，出现了一些不规范的做法，很多不适合采用 PPP 模式的项目也纳入 PPP 项目清单，如市场化的地产开发项目。虽然政府也规定了 PPP 项目中政府的年度总支出不能超过政府一般性财政预算支出的 10%，但在实际操作中，一些地方政府出于眼前利益的考量，采取一些不规范的方式规避了这个限制。此外，政府部门为了吸引社会资本，保证 PPP 项目的实施，固定回报、保底承诺等违反风险合理分担原则的行为也时有出现。这些不规范、不合理的做法虽然是暂时性的，但严重损害了 PPP 的健康发展。造成当前 PPP 发展中政府过度干预局面的原因可能在于中国整体社会经济发展环境的变迁，在 2014 年之前，虽然有政府部门的推动，但 PPP 始终是基础设施和公共服务建设的补充模式，引入外资、土地财政、平台融资先后成为解决资金缺口的主要途径，但随着 2013 年以来国家对地方性债务的规范和对地方政府投融资平台的清理，以及土地财政的萎缩，地方政府的融资渠道严重受限，但基于基础设施拉动投资刺激经济增长的需求更加迫切，这种态势下，PPP 模式成为基础设施投资的供给侧结构性改革的重点和政府寄予厚望的替代性投融资解决方案。

PPP 驱动因素的变化。为什么要用 PPP 模式，各个机构和研究人员有各自的看法。熊伟和诸大建（2017）认为，PPP 存在三个阶段，每个阶段有各自的核心诉求，如 PPP 1.0 阶段主要目的是解决财政资金短缺，PPP 2.0 是提升效率，PPP 3.0 是促进实现可持续发展。值得注意的是，这三个阶段并不是线性发展的。中国幅员广阔，地区社会经济和发展环境差异悬殊，不同的区域即便是在同一时期，其发展阶段和社会经济状况也差异极大，因此 PPP 的驱动因素在不同时期和不同地区也存在显著差异。2002 年以前采用 PPP 模式的驱动因素主要是弥补财政资金投入不足。2002 年之前的中国经济虽然一直处于快速增长阶段，但经济总量偏低，财政收入也低，政府对于基础设施投入的财力严重不足，难以满足实际需求，而经济发展又迫切需要完善的基础设施支撑，这种矛盾的不断激化促使政府采用 PPP 模式。此外，由于当时中国的国有企业和民间资本都实力较弱，PPP 主要以吸引外资（FDI）为主。这一阶段，融资需求是 PPP 的主要驱动因素。2003—2013 年，PPP 模式驱动因素在中西部地区和东北地区仍停留在弥补资金缺口阶段，但沿海发达地区采用 PPP 更多的是提高服务质量和效率，促进政府职能转变。2014 年至今，PPP 模式的驱动因素处于多元化并存态势，经济发展欠发达的东北、中西部地区对 PPP 的需求以弥补政府资金缺口为主。东部地区财力雄厚，对融资的需求不大，PPP 驱动因素主要是效率提升和可持续发展，因此 PPP 项目虽然不多，但比较规范。

第四节 讨论与反思

2014 年以来，PPP 在中国得到了前所未有的重视和推广应用，其力度极大、范围极广。经过多年的发展，对其实施进行评估不仅有助于提升中国 PPP 的科学性和可持续性，对其他国家的 PPP 模式应用也有参考借鉴价值。本书利用 2014 年以前实施的 PPP 项目、2014—2017 年的实施项目和2014—2017 年的储备项目三个项目数据库，通过时间序列的对比分析，对2014 年以来的 PPP 发展和政策效果进行了分析。

通过研究发现，总体而言，2014—2017 年的 PPP 新政成效显著，项目数量和投资规模急剧扩张，对民生改善和经济发展都有较强的促进作用。PPP 的制度建设和法治建设一直是中国 PPP 发展的短板，但在 2014 年以来的 PPP 新政中得到了明显改善。但是，也存在签约率低、认知不全面、能力不足等问题。此外，中国的 PPP 存在显著的空间分异格局，而且这种空间差异进一步扩大。但是，这种格局在 2014 年前后有显著的不同，这种格局差异与 PPP 的驱动因素有着密切关联。2014 年以来中国 PPP 发展热潮主要是由政府的强势地位形成。过强的政府主导作用固然促进了中国 PPP 的快速发展，但这是一个"双刃剑"，尤其是产生了效率低下、政府债务危机加剧和政企合谋等风险，其效果需要进一步的观察和评估。

在全球化的发展趋势下，全球经济关联程度不断加强，知识溢出效应不断增加，作为 GDP 全球第二的经济体，中国积极参与全球治理和经济合作，中国 PPP 的发展必然对其他国家产生影响。这种情况下，对中国 PPP进行有效评估，并基于评估进行提升改善和总结借鉴，也具有较强的国际意义。以下两点反思需要进行进一步的探讨：

（1）PPP 的谦抑性（Passivism）。PPP 不是灵丹妙药（Ke，2014），不是所有的项目都适合 PPP，PPP 有其局限性。这就要求，一方面要做好项目采用 PPP 模式的评估论证，应用 PPP 项目应当克制，不宜过度使用，只有确实符合条件且必要的项目才采用 PPP 模式。另一方面，在 PPP 项目实施中，应当是有效市场和有为政府的结合，市场机制是主导，政府行为做补充，各司其职，有为政府的干预手段与程度要把控到位，切不可越位。

（2）全球化视野下的 PPP 的地方性。虽然存在一定的阻力和倒退，但全球化是世界经济发展的大趋势。PPP 模式在全球治理和区域合作中具有独特的作用。但是，PPP 是普适性的，还是一种地方知识（Local Knowledge）？如果 PPP 是一种地方知识，具有显著的地域特色，那么 PPP 也许存在不同于其他国家的中国模式（China Model）。在评价 PPP 发展绩效的时候，是否存在合适且普适的 PPP 模式标准？换句话说，能否以中国过去的 PPP 标准或国外的 PPP 标准来衡量当前的中国 PPP 发展？这些问题都值得深入研究。

第五节　地方政府债务管理背景下 PPP 的规范发展

党的十九大报告指出中国经济进入新时代，已由高速增长阶段转向高质量发展阶段。PPP 作为一种重要的基础设施和公共服务供给创新模式，经过前几年的高速扩张，转入规范企稳发展阶段。在"十四五"期间，中国经济已转向高质量发展阶段，新阶段、新理念、新格局对 PPP 发展也提出了新要求。尤其是经过近几年的沉淀和反思，PPP 过度发展带来的一些弊端得到规范，PPP 健康发展和高质量发展的良好态势逐渐显现。迈入新阶段的 PPP 一方面要更加明确且科学地厘清在国家财政体系和现代经济体系中的作用和定位，另一方面 PPP 自身的模式操作和具体实施要更加规范和可持续。

第十三届全国人民代表大会第一次会议的《政府工作报告》明确指出，

要防范和化解地方政府债务风险。中央经济工作会议要求切实加强地方政府债务管理。财政部《关于做好 2018 年地方政府债务管理工作的通知》（以下简称 34 号文）对地方政府债务管理工作提出了强烈、清晰的要求。在此背景下，在政府预算管理框架内更有效地管控 PPP 财政支出责任，促进防范和化解地方政府债务风险是 PPP 规范发展的重点内容。

按照 34 号文的规定，地方政府债务管理主要关注限额管理和预算管理、债务置换、地方政府债券管理以及债务风险监测和防范等内容。34 号文直接与 PPP 关联的内容较少，但对 PPP 的规范发展却有较强的影响。在供给侧结构性改革、强化地方政府债务管理和防范地方债务风险的政策导向下，PPP 模式的运用也需要适应新时代，贯彻新理念，打造新版本。

首先，PPP 的政府支出责任并不构成地方政府的直接债务，而是属于或有债务或者隐性债务，PPP 的政府支出需要纳入年度财政预算和中期财政规划，理论上属于刚性支付。只有地方政府发生信用危机，违约不纳入预算或不能支付，才会转换成直接债务。

其次，PPP 需要进一步提升风险监测和防范能力。现在，对 PPP 政府支出责任的主要管控措施是占一般公共预算支出的 10% 红线，但这 10% 的规定在实践中争议颇多。一方面，"一刀切"的比例忽视了区域之间的财力差异和债务水平差异。虽然财政部发布的《政府和社会资本合作项目财政承受能力论证指引》（财金〔2015〕21 号文）规定各省份可以自主确定比例，然而并未发生实际作用。另一方面，一些不规范的 PPP 项目挤占了政府支出空间，需要通过清理整顿为真正合适的 PPP 项目腾出空间。此外，PPP 的风险管控措施也需要进一步多元化，形成立体化、全过程、穿透式动态监管体系，如全国 PPP 风险监测地图、地方政府信用评价体系、社会资本信用平台、政商关系评价体系等。

再次，对于 PPP 而言，使用者付费的 PPP 项目中，政府支出责任较少，尤其是基本不用支付比重最大的运营补贴；可行性缺口补贴和政府付费类 PPP 项目中政府的支出责任较大，这两类项目的政府支出占地方政府 PPP 财政支出的大头。当前，为了严格防范地方债务风险，很多地方政府对政府付费类 PPP 项目实行负面清单管理，不得采用 PPP 模式。政府付费 PPP 项目模式本身没有问题，众所周知，英国的 PFI 都是政府付费项目，关键在于 PPP 模式的驱动因素，即为什么要用 PPP 模式，也就是 PPP 的初心。地方政府如果出于投资驱动和晋升激励，为了解决项目的资金缺口而采用 PPP 模式，那么 PPP 就会异化成短视、急功近利、重建设轻运营的伪 PPP 项目，必然增加地方政府的债务，甚至导致地方政府信用风险。地方政府如果主要基于效率提升目的采用 PPP 模式，那么即便是政府付费项目，由于 PPP 的专业持续运营带来的正外部性和放大效应，对政府的直接和间接财政增值也可以抵消政府支出，不会增加地方政府实际债务。

供给侧结构性改革的目的是满足人民日益增长的美好生活需要，而基础设施和公共服务是最重要的生活需要之一。供给侧结构性改革客观上会推动 PPP 的发展。党的十九大报告提出的乡村振兴战略、区域协调发展战略以及污染防治等都为 PPP 提供了政策驱动和应用空间。但是，我们应看到，与乡村振兴相关的 PPP 项目大都位于农村地区，地方政府财力薄弱，而与区域发展和污染防治相关的 PPP 项目很多都是纯政府付费项目。在落实国家重大战略的工作部署中，PPP 如何精准实施和差异化推进是一个值得重视的问题。

最后，从财政的角度，在某种程度上可以将 PPP 看作中央与地方政府的财权、事权和支出责任不匹配背景下的一个变通处理的途径，其作用类似融资平台。财权主要集中在中央，但事权和支出责任下沉在各级地方政府，为了满足基础设施和公共服务的支出，地方政府只好探索各种途径，便出现了土地财政和地方政府融资平台。但是，《国务院关于加强地方政府性债务管理的意见》（国发〔2014〕43 号文）等文件出台之后融资平台严格受限，PPP 作为一种替代模式，部分地承担了弥补财权、事权和支出责任错配的职能。国有企业尤其是中央企业的大量参与，政策性的银行低成本资金的倾斜性支持，导致前几年的 PPP 变成了另类转移支付。但随着《国务院关于推进中央与地方财政事权和支出责任划分改革的指导意见》（国发〔2016〕49 号文）的颁布，国家大力推进中央与地方财政事权和支出责任划分改革，PPP 的财政套利空间逐渐萎缩，PPP 回归初心的趋势也更加明显。

供给侧结构性改革不仅是产业和产品的变革，也是生产方式的变革。PPP 作为一种创新的供给模式，对于促进基础设施和公共服务领域的供给侧结构性改革具有重要的作用和意义。加强财政预算管理和地方债务管理，严控支出责任倒逼 PPP 的规范发展，并结合政策的正面引导，形成推拉结合的 PPP 规范发展机制，不仅有助于防范和化解地方债务风险，也有助于切实提高公共服务供给质量。

第六章 国际 PPP 发展比较及趋势

第一节 中外 PPP 发展与管理比较研究

PPP 在各国和地区的发展中，不可避免地形成了各国的特色。很多学者针对不同国家和地区的 PPP 理论探索与实践经验进行了细致的国别研究，如欧盟（Renda and Schrefler，2006）、意大利（Rossi and Civitillo，2014；Rossi and Civitillo，2014）、新加坡（Hwang et al.，2013）、英国（Carrillo et al.，2008）、瑞士（Hofmeister and Borchert，2004）、希腊（Roumboutsos and Anagnostopoulos，2008）、加拿大（Vining，2008）、德国（Essig and Batran，2005）。这些研究主要还是一个国家和地区的 PPP 发展介绍和经验总结，更多的是单向的研究和借鉴，缺乏全方位的对比和对话。

另外，一个很重要的值得探索的问题是，PPP 到底是普世的还是地方性的。如果是普世的，那么全球应当存在统一的 PPP 模式、制度和指南，PPP 的发展应当是趋同的，制度可以是通用的。如果是地方性的，那么各个国家和地区的 PPP 应当是多元的，都有自己的特色，不应该强求移植和套用。对于上述问题，最基础的工作就是从不同国家和地区的比较研究开始，包括 PPP 的发展历程、制度框架、应用项目情况等。这也是本章的研究目的和意义。

为了尝试对上述问题进行初步研究，本书选择了中国、印度和英国三个 PPP 的典型国家进行国际比较研究。英国是最早提出 PPP 概念的国家，制度最为成熟，也应用了大量 PPP 项目，一直是其他国家学习借鉴的榜样。印度是人口和经济大国，和中国一道是发展中国家令人瞩目的具有重要示范效应的"双星"。中国和印度在 PPP 发展中都学习了英国的大量经验，但同时也保持了自己的特色。因此，选择这三个国家进行比较研究是合适的，基本能达到本书的研究目的。

一、研究方法

比较分析是常见的一种研究方法，通常是通过对类似对象的指标数据进行比较，从数量上展示和说明研究对象规模的大小、水平的高低、速度的快慢，以及各种关系是否协调。比较分析可以是时间、空间、理论、实践等多维度的比较。

本书以中国、印度、英国三个国家的官方 PPP 数据库为基础，结合各国 PPP 的发展过程和主要制度，对 PPP 发展应用的领域（水务、公路、医院等）、具体模式（BOT/DBFO/TOT 等）、模式特征（特许经营期、投资额等）、演化特征、空间分布特征等进行梳理和比较，识别异同，并对影响因素进行初步分析。英国的数据来源为 Partnerships UK，网址为 http：//www. partnershipsuk. org. uk/PUK-Projects-Database. aspx，本数据库的项目时间为 1987—2009 年，数据库官方首页说有 920 个项目，但对数据库的项目进行统计，只有 841 个 PPP 项目。2009 年之后的数据根据英国财政部的官方统计进行了补充，网址为 http：//www. hm-treasury. gov. uk/infrastructure_data_pfi. htm，合计共有 1573 个 PPP 项目，时间为 1987—2013 年。印度数据来源于 PPPinIndia，官方网址为 https：//infrastructureindia. gov. in。截至 2016 年底，共有 1548 个 PPP 项目。中国的数据来源于中国财政部 PPP 中心的项目库，网址为 https：//www. cpppc. org：8082/inforpublic/homepage. html#/projectPublic。截至 2016 年 12 月，财政部 PPP 项目库共有项目 11260 个，其中进入执行阶段的 PPP 项目有 1440 个。此外，由于财政部 PPP 项目库只有少量 2014 年之前的 PPP 项目，需要自行补充完整。因此，本书通过公开的搜索引擎，构建了 2014 年之前的中国 PPP 项目库，共包含 1221 个 PPP 项目。两个 PPP 数据库结合，共同构成了中国 PPP 项目数据库，截至 2016 年 12 月 31 日，符合条件的 PPP 项目共有 2661 个。

二、中国、印度和英国的 PPP 制度与发展

中国、印度和英国无论是综合国力、国际影响力还是社会经济在国际上都有举足轻重的地位。三个国家在 PPP 领域也有较长的发展历史和较多的项目应用。三个国家的基本发展情况如表 6-1 所示。

表 6-1　2016 年中国、印度和英国基本情况

国家	GDP（亿美元）	人均 GDP（美元）	人口	PPP 项目总数（个）
英国	29810	45791	65111143	1573
印度	25100	1892	1326801576	1548
中国*	119680	8516	1405372834	2661

注：* 表示不包括港澳台地区。

资料来源：笔者根据资料自制。

1. 英国 PPP 发展概述

在全世界的 PPP 发展中，英国扮演了引领者的角色。1992 年英国最早提出了 PPP 概念。此后，英国政府在教育、医疗、交通、能源、环境等领域成功实施了大量的 PPP 项目，积累了丰富的经验。英国在公共基础设施投资中采用 PPP 模式的比例并不高，传统模式仍然是主流。

虽然英国的 PPP 概念提出最早，但他们更多的是使用 PFI（Private Finance Initiative）及其升级版 PF2，PFI 的核心模式是 DBFO（Design-Build-Finance-Operation）。PFI/PF2 可以将私营部门的资金、管理、商务以及创新技术引入公共设施和服务，并减少政府部门的财政支出和负债，转移风

险，最终获得更好的资金价值（Value for Money，VfM）。PFI/PF2 适用的项目绝大部分是政府付费。以医院为例，由私营部门（通常为若干投资人组成的联合体）负责融资建设医院建筑，在特许经营期内（一般为 30 年或者更长）提供后勤支持服务（包括清洁、餐饮、设施维护等），卫生部门（National Health Service，NHS）使用医院建筑提供核心医疗服务，并支付费用给私营部门，其具体运作方式是 DBFO。这样的好处是分工明确，双方能充分发挥各自优势，NHS 能摆脱后勤服务的羁绊，专心致力于提供医疗服务；但缺点是不能促进医疗服务提供的竞争，不能有效改善医疗服务的质量和效率。

英国 PPP 体系完整，机构齐全，政府由多个相关部门负责，如国家审计署（National Audit Office，NAO），商业办公室（Office of Government Commerce，OGC），PUK（Partnership UK）（政府部门占 49% 股份）等，对 PPP 的发展进行指导、咨询和监管，这些有效、便捷且完善的措施有力推动了 PPP 的发展。此外，专业部门还有专门的 PPP 主管机构，如在医疗卫生领域，卫生部（Department of Health）也制定和发布了大量的指南、报告等。

英国建立了以 VfM 为核心的定性与定量相结合的前期评估决策体系和方法，建立了严格的政府采购程序和文件，制定了规范的通用合同范本。英国还高度重视对项目经验的总结和监管，下议院（House of Commons）和国家审计署（NAO）等部门都有对 PPP 应用情况的评估报告，针对案例进行深入全面的总结和评估，并根据反馈进行修改和完善。

2. 印度 PPP 发展概述

自 1991 年的印度经济改革以来，印度经济持续快速增长，但基础设施建设远远滞后于经济发展，尤其是相对于其他发展中国家。印度政府希望通过 PPP 鼓励私人投资参与基础设施建设。因此，PPP 在印度发展较快，应用较广。2004 年，印度成立了一个基础设施委员会负责推动和监管 PPP 政策的制定和项目的实施。随后，成立了知识管理和传播委员会为各个部门提供 PPP 工具包，并在各级政府建立 PPP 中心作为州级 PPP 项目的政府代理。印度政府还成立了政府全资控股的 India Infrastructure Finance Compa-

ny Limited（IIFCL），弥补银行无法满足的 PPP 项目的长期融资需求。印度
政府制定了高速公路、交通、城市发展等领域的长达 30 年的 PPP 项目特许
经营合同范本，建立了印度 PPP 相关信息的一站式网站 www. pppinin-
dia. com。建立了 PPP 项目的数据库 www. pppindiadatabase. com，该数据库能
够提供关于印度中央、州和部门层面的 PPP 项目的全面信息和最新进展。
PPP 是印度私人部门参与基础设施投资建设的主要途径。在过去的几十年
里，印度的 PPP 项目在项目数量和项目投资额方面都得到了大幅增长。根
据经济学人智库（Economist Intelligence Unit）2015 年的报告 *Evaluating the
environment for PPPs in Asia-Pacific* 2014，印度在 PPP 项目的运营或热度方面
排名第一，地方 PPP 活跃度方面排名第三，PPP 项目环境方面排名第五。
据统计，印度"十一五"规划期间大约 30% 的基础设施投资都是私人部门
提供的[①]。

印度宪法把立法权分为中央和地方两部分。属于中央管理的主要领域
包括港口、机场、铁路、国家高速公路、水路运输、电信、石油和矿产资
源等。属于地方立法管理的包括警察、监狱和矫正设施、公共健康和卫生、
地方高速公路、城市道路、自来水和灌溉等。印度 PPP 的主要政府部门包
括 PPP 审查委员会（Public Private Partnership Appraisal Committee，PP-
PAC）、常务财务委员会（Standing Finance Committee）、PPP 专项责任委员
会（Empowered Committee）、印度基础设施项目开发基金（India Infrastruc-
ture Project Development Fund）。

印度的 PPP 实施过程可分为四个阶段：识别、项目评估与审批、采购、
合同管理和监测，如图 6-1 所示。印度的 PPP 实施过程由一系列内部的实
施过程关键阶段完备性检查和外部的许可组成。这些完备性检查的目的是
确保 PPP 项目的官员和发起人在每个阶段都采取恰当且必要的行动，保证
PPP 项目顺利实施。

---

① Ministry of Finance：Overview of PPP in India -The need and potential for PPPs in India.

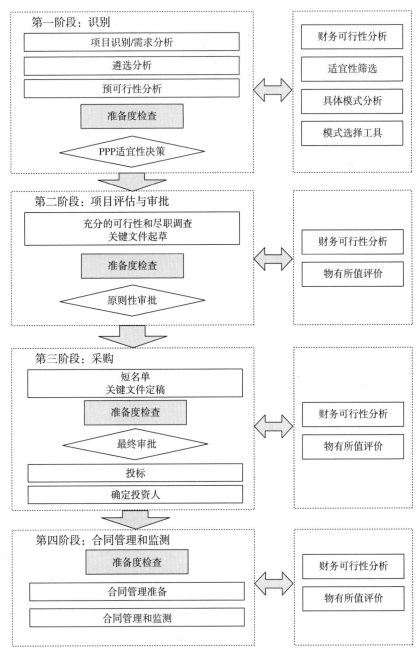

图 6-1　印度 PPP 实施过程

资料来源：笔者根据资料自绘。

3. 中国 PPP 发展概述

中国的 PPP 发展主要受社会经济发展环境和需求的影响。20 世纪 90 年代，中国经济落后，资本积累不足，基础设施建设滞后于社会发展需求，因此当时的 PPP 主要集中于经济性基础设施领域，如高速公路、发电厂、自来水厂等，资金以引入外资（FDI）为主。进入 21 世纪，随着中国经济的快速增长，外汇储备的急剧增加，中国企业的不断发展壮大，中国的 PPP 开始转向以国有企业和民营企业为主体，主要集中于市政公用事业领域。2008 年全球金融危机后，受中国政府 4 万亿元投资计划的挤出效应影响，中国 PPP 进入了一个发展低潮。2013 年底之后，中国政府重启改革，大力推广 PPP 模式，形成了新的发展高潮。

中国的 PPP 制度主要包括主管机构、政策文件和实施指南等。中国的 PPP 主管机构不是一成不变的，20 世纪 90 年代初，PPP（当时叫 BOT）是由原来的国家计委主管，21 世纪初，原建设部在市政公用领域 PPP 中发挥了主导作用。在 2014 年以来的 PPP 发展中，财政部起到了绝对的主导作用，但包括国家发改委在内的等部门也积极参与。财政部与发展和改革委员会推行 PPP 模式以来，地方政府纷纷响应，成立了作为当地 PPP 主管机构的 PPP 中心。PPP 中心既有设在地方财政局的，也有设在地方发改委的，还有财政局和国家发改委共同设立的。目前来看，设置在财政局的居多。中国以政府为主导的行政体制一般通过发布文件的方式推动政策的实施，PPP 就是典型的例子。中国 PPP 的发展是与几个标志性的政策文件密不可分的，如 1995 年国家计委、电力部、交通部发布的《关于试办外商投资特许权项目审批管理有关问题的通知》掀起了第一次 PPP 发展高潮。2004 年建设部发布的《市政公用事业特许经营管理办法》推动了第二次 PPP 发展高潮。2014 年以来这一轮的 PPP 发展高潮主要受到下述文件影响：国务院发布的《关于创新重点领域投融资机制鼓励社会投资的指导意见》，财政部发布的《关于推广运用政府和社会资本合作模式有关问题的通知》，国家发展和改革委员会发布的《关于开展政府和社会资本合作的指导意见》等。在 2014 年之前的中国 PPP 发展中，官方并没有制定统一的实施指南，PPP 操作的程序和成果文件更多的是一种实践探索的结果。由于当时中国处于快速城镇化阶段，对基础设施需求极大，而且要求尽快建成并发挥效益，因此基于国情的实际，中国 PPP 形成了自己特色的流程，如摒弃了看似科学但费时费力的物有所值评价。2014 年以来 PPP 发展新高潮的一个特征就是通过公布官方实施指南的方式规范了 PPP 流程，提出了与国际接轨的物有所值评价和财政承受能力论证，并基本形成了包括 5 个过程和 19 个步骤的基本操作流程。

三、中国、印度和英国 PPP 发展特征比较

1. 发展过程

从三个国家 PPP 项目的发展过程来看，都存在显著的波动性，并非一帆风顺。英国是最早采用 PPP 模式的国家，其高峰期在 1996—2008 年，要早于其他两个国家。印度的高峰期在 2005—2014 年。而中国存在多个小高峰期，总体而言，2003 年至今都可以看作 PPP 发展的高峰期。PPP 的发展企稳维持在一个相对稳定的状态，近几年我国对 PPP 认识回归理性。与之相比，英国和印度的 PPP 发展近几年都处于下滑态势，如图 6-2 所示。

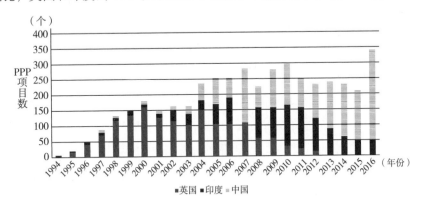

图 6-2　中国、印度和英国的 PPP 发展过程

资料来源：笔者根据数据自绘。

2. 空间布局

从 PPP 项目的区域分布上可以看出，三个国家都存在显著的空间差异

性。比如，英国苏格兰、北爱尔兰、威尔士和英格兰等 7 个区域中，PPP 项目最多的是伦敦地区的 244 个，最少的是威尔士的 72 个，前者是后者的 3 倍多，如图 6-3 所示。在印度的 28 个邦（State/Pradesh）中，项目最多的马哈拉施特拉邦实施了 215 个，最少的本地治里邦仅 1 个，如图 6-4 所示。

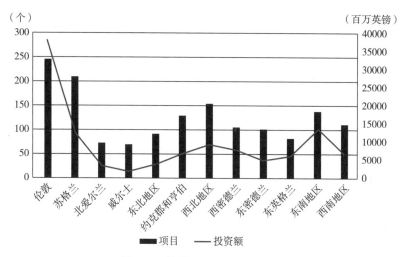

图 6-3　英国 PPP 项目区域分布

资料来源：笔者根据数据自绘。

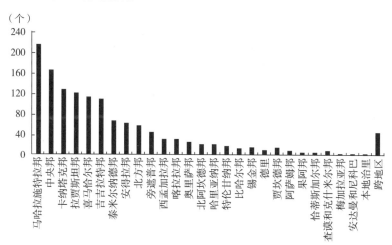

图 6-4　印度 PPP 项目空间分布

资料来源：笔者根据数据自绘。

PPP 项目的区域差异受到哪些因素的影响是一个值得深入探讨的问题。不过我们也可以看出，总体而言，三个国家中 PPP 项目多的区域大都属于经济较发达、GDP 较高的区域。比如，英国 PPP 项目较多的伦敦、苏格兰、北威尔士、东南地区都是经济比较发达、较富裕的地区，2014 年人均 GDHI 排名分别为 1、5、7、2。印度 PPP 项目超过 100 个的前 6 个邦（不含伪阿鲁纳恰尔藏南地区邦），2011 年的 GDP 排名分别为 1、11、7、8、20、5。中国 PPP 项目最多的前五个省份 2016 年的 GDP 排名分别为 3、10、4、22、1。

3. 具体模式

英国 PFI 占据了主导模式，占据全部 PPP 项目的 91%，如图 6-5 所示。但印度 PPP 具体模式就比较丰富，包括了 BOT/BOLT/BOO/BOOT/BOOST 等十多种类型，其中 BOT 占据主导地位，约占全部 PPP 项目的 43.7%，如图 6-6 所示。中国财政部认可的 PPP 具体模式有 BOT/BOO/TOT/ROT/MC/OM 六种，但实践中也存在其他诸多变种模式。中国 PPP 也是 BOT 占主导，约占全部 PPP 项目的 77%，如图 6-7 所示。

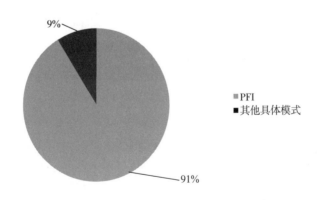

图 6-5 英国 PPP 项目具体模式

资料来源：笔者根据数据自绘。

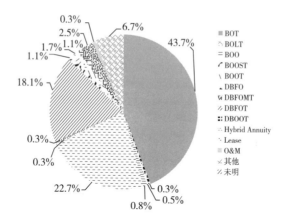

图 6-6　印度 PPP 项目具体模式

资料来源：笔者根据数据自绘。

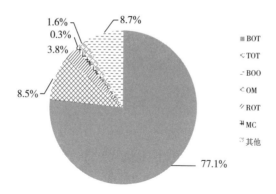

图 6-7　中国 PPP 项目具体模式

资料来源：笔者根据数据自绘。

4. 应用领域

中、印、英三国在 PPP 的适用领域上也存在差别。英国的 PPP 主要集中在公共服务领域，其中教育和医疗占全部 PPP 的 55.2%，如图 6-8 所示。中国 PPP 主要集中于市政设施和交通等具有稳定收益来源的经济性基础设施，约占全部 PPP 项目的 75%，如图 6-9 所示。相比中英两国，印度的 PPP 适用领域较少，官方统计仅包括交通、能源、水处理、社会和商业基础设施四大类，其中交通占全部 PPP 的 59%，如图 6-10 所示。

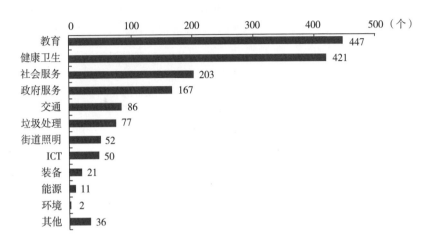

图 6-8　英国 PPP 应用领域分布

资料来源：笔者根据数据自绘。

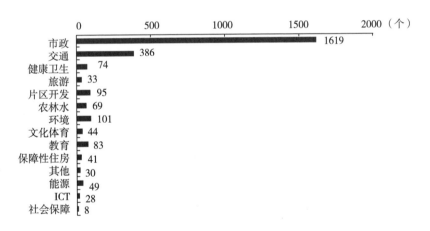

图 6-9　中国 PPP 应用领域分布

资料来源：笔者根据数据自绘。

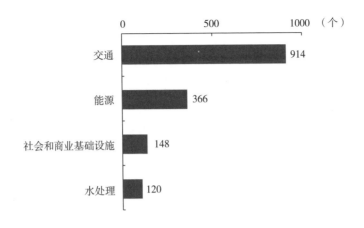

图 6-10 印度 PPP 应用领域分布

资料来源：笔者根据数据自绘。

5. 投资规模

英国数据库中共有 1573 个 PPP 项目，合计投资额 1234 亿英镑。平均每个项目约 7800 万英镑。最大的 PPP 项目为地铁 PPP 项目，投资额为 6687 百万英镑。印度数据库中共有 1548 个 PPP 项目，合计投资额 112193 亿卢比，约合 1753 亿美元（1 印度卢比 = 0.01560 美元），平均每个项目 72 亿卢比。最大的 PPP 项目为高速公路 PPP 项目，投资额为 3000 亿卢比。中国统计的有 2661 个 PPP 项目，由于部分项目存在缺失，预计总投资额超过 3.3 万亿元。最大的 PPP 项目为高速公路项目，投资额为 898 亿元。

四、中国、印度和英国 PPP 发展趋势

通过对三个国家的对比分析，我们认为 PPP 的发展并不是简单的线性增长，而是存在波动性，但周期并不一致。这种波动的原因是复杂的，受到各个国家政策偏好、社会经济发展情况、国际形势等因素的影响。

PPP 应用在空间上也是不均衡的，不仅在各个国家之间存在不均衡，在一个国家内部不同区域之间也是不均衡的。不均衡的影响因素也是复杂

的，需要进一步研究。但可以假设，这种不均衡是常态，是合理的。因此，在制定 PPP 政策的时候，切不可"一刀切"，应正视 PPP 的空间异质性，允许各个地方根据实际需求采取不同的措施。简单地说，不是所有的地方都适合采用 PPP 模式。

PPP 起源于英国，在英国的发展也最成熟，形成了一系列成熟且持续改进的程序、指南、范本，对其他国家产生了重大影响。其他国家，如中国和印度，在 PPP 发展中都借鉴了英国的成功经验和做法。但其他国家在 PPP 发展过程中，根据本国国情和需求，形成了很多独具特色的地方。比如，在具体模式、应用部门等方面都存在差别。这种差异可能与各国社会经济和城镇化的发展阶段和发展需求有关。比如，英国是发达国家和高度城镇化国家，其对于交通和市政类基础设施的需求相对饱和。中国和印度同属于发展中国家和中等城镇化水平，对经济性基础设施的需求较大，属于优先发展领域。此外，也容易受到历史因素和文化因素等影响，如印度长期是英国的殖民地，受英国影响较大，PPP 模式也不例外。而中国，则跟大陆法系（Continental Law System）更靠近，PPP 方面很多都是借鉴了法国的特许经营制度。

在 PPP 的制度方面，可以说，各个国家 PPP 的操作指南、实施流程和相关制度都是不一样的，甚至对 PPP 的理解也不完全一致。一个国家的 PPP 从业人员到了另外一个国家，有时候甚至难以开展工作。PPP，包括最初的 BOT，起源的时候主要是一个理念和概念，并没有全面细致的制度体系和操作流程。各个国家在使用过程中，自然会根据自己的国情和需求加以"裁剪"。考虑到各个国家的社会经济、国家制度、法律体系、历史文化等差异悬殊，从这个角度来说，如同存在资本主义多样性（Varieties of Capitalism）（Zhang and Peck，2016）一样，PPP 也是多元的，全世界不可能存在一个统一的普遍适用的 PPP 模式。

全球化是当今世界发展的主流趋势。全球化带来的区域合作、产业分工和全球生产网络都对 PPP 产生了影响。一方面，各个国家都认识到了国家合作的重要性，制定相应的政策鼓励本国有企业参与全球生产和全球竞争。在这个过程中，PPP 模式将发挥重要作用。因此，PPP 领域很多有识之士也呼吁建立类似 FIDIC、PMBOK 这样的全球通用指导文件。另一方面，各国在 PPP 应用过程中也深刻认识到 PPP 要结合本国国情，更加强调 PPP 应用的本土化。比如，中国 PPP 发展早期，FDI 是主要的社会资本，大项目基本都是外企中标，如来宾 B 电厂 BOT 项目中的法国电力、成都第六水厂 PPP 项目中的法国 Veolia，但随着 PPP 的发展，中国本土的国有企业和民营企业逐渐成为 PPP 的主角。

此外，信息化的爆发式增长，ICT 等技术的普及，使信息的交流更加快速和方便，信息获取成本大大降低。PPP 模式在全球范围内存在政策扩散（Policy Diffusion）的态势。PPP 典型的案例、最新的技术和制度，都能得到快速的传播和研究。比如，英国的 PF2 一经推出，就在中国学术界获得了高度的关注和借鉴。世界银行的《PPP 合同条款指南（2017 版）》（*Guidance on PPP Contractual Provisions* 2017）一经推出，也在中国得到了积极响应和翻译出版。PPP 信息的大范围、多点、快速的流动，有助于全球 PPP 共识的达成。通过知识、人才和资本的跨国流动，借助政府间的交流和国际组织（比如世界银行、国际货币基金组织、亚投行等）的推动，有可能建立全球 PPP 知识共同体（Global PPP Knowledge Community，GPKC）。PPP 知识共同体的建立并不是全球 PPP 模式的统一化，而是希望能够提供一个普遍认可的知识分享和交流平台，即全球 PPP 知识的最大公约数。

在新自由主义、新公共管理和全球化等思潮冲击下，各国政府都认识到传统的政府全部负责的基础设施开发模式难以为继。多元化、市场化和企业化的开发模式才符合发展趋势，有助于城镇化和经济发展。因此，PPP 得到了各国的重视和采用。但是，令人困惑的是，PPP 模式到底是趋同的还是多元的。这个问题对 PPP 的全球发展有至关重要的意义。

针对这个问题，本书以中国、印度和英国三个典型国家作为对象，以三个国家的 PPP 项目数据库为基础，结合 PPP 制度和发展历程，进行比较分析。研究表明 PPP 在不同国家虽然也具有许多共同元素和特征，但发展差异很大。尤其是 PPP 深受各个国家的经济、政治、历史、文化等因素的影响，很难存在一个统一的模式。在全球化和信息化的影响下，国家之间的交流和信息共享越来越便捷，对 PPP 也产生了深刻影响。各国 PPP 的制度和经验的交流分享，有助于打造 PPP 的知识共同体。

本书目前选择了中、印、英三个国家作为研究对象，虽然三个国家都具有重要的典型意义，但相对于全球来说，仍然不够全面。此外，在分析上主要基于数据库的项目应用分析和制度环境分析，对深层次的影响因素的识别和定量分析并未开展。这些都需要在后续研究中解决。

第二节 中印市域轨道交通 PPP 比较及启示

根据《关于促进市域（郊）铁路发展的指导意见》（发改基础〔2017〕1173 号），市域（郊）铁路是城市中心城区连接周边城镇组团及其城镇组团之间的通勤化、快速度、大运量的轨道交通系统，提供城市公共交通服务，是城市综合交通体系的重要组成部分。市域铁路是城市轨道交通系统的七种主要制式之一。市域铁路有新建和既有铁路改造两种方式，主要服务通勤、通学、通商等规律性客流，服务范围一般在 50~100 千米，平均站距一般 2~5 千米，设计时速为 100~160 千米（周诗广，2017）。市域铁路的建设有助于扩大交通有效供给，满足郊区群众通勤需求，切实缓解城市交通拥堵，有效改善城市人居环境，优化城镇空间布局，促进新型城镇化建设和城市一体化发展。在国外，市域（郊）铁路有比较重要的地位和较为成熟的发展（孙海富，2014），以日本为例，东京都市圈 44.16% 的出行由市域铁路提供（甄小燕，2014）。相对于高速铁路和地铁的快速发展，中国的市域铁路发展相对滞后，有效供给能力不足，成为城市公共交通体系的短板。

市域铁路投资大、公益性强、外部性强、社会效益突出，因此建设资金来源、票价机制、补贴方式以及沿线土地开发（TOD）等是加快市域发展的关键问题（王夷萍，2016）。通过 PPP 模式，引入有实力、有经验、有技术优势的社会资本，弥补政府在资金、技术和运营经验方面的不足，有助于加快市域铁路的发展，促进社会经济发展和城镇化建设。目前，市域铁路 PPP 在国内外都有成功案例，通过国内外案例的比较分析，总结经验，为我国市域铁路 PPP 的可持续发展打造标杆和形成可复制可推广的模式，具有重要的实践和理论意义。

一、中印轨道交通 PPP 发展概述

1. 中国轨道交通 PPP 发展梳理

PPP 在中国有几十年的发展历程，历经曲折，尤其是 2014 年以来，在财政部的大力推动下，PPP 形成了一次前所未有的发展高潮。截至 2017 年 8 月底，财政部 PPP 项目库共有入库项目 14165 个，投资额为 175973 亿元，涵盖了交通运输、能源、市政工程等 19 个领域。

在轨道交通领域，中国第一个轨道交通 PPP 项目是北京地铁四号线，截至 2017 年 8 月底，财政部 PPP 项目库共有 65 个入库轨道交通 PPP 项目，总投资超过 1.6 万亿元。其中仅 2016 年，就有 26 个轨道交通 PPP 项目完成采购工作。PPP 模式对推进轨道交通发展起到了重要作用。

截至 2016 年末，中国共有 58 个城市的城市轨道交通线网规划获批（含地方政府批复的 14 个城市），规划线路总长达 7305.3 千米。城市轨道交通规模不断扩大、投资持续增长，建设速度稳健提升，拥有轨道交通的城市从一线城市向二、三线城市蔓延。在这种发展态势下，城市轨道交通面临的投资大、资金渠道偏窄、合格运营商少、专业运营管理人才不足等问题进一步凸显，亟须体制机制创新，可以预见，PPP 模式会有更广阔的发展空间。

中国城市轨道交通 PPP 模式不断成熟，目前形成了以北京地铁四号线为代表的 A+B 模式和以深圳地铁四号线为代表的全投资模式，以及在这两种基本模式基础上衍生的诸多交易结构设计。这些交易结构在 PPP 基础理

论的指导下，受到国家政策环境、当地政府财力、利益诉求、工作范围划分、风险分担、资产配置、潜在社会资本能力等因素的影响，既相互借鉴，又契合项目特征，基本满足了轨道交通 PPP 项目的发展需求，有效地推动了我国轨道交通 PPP 的发展和成熟。

相对地铁 PPP 的广泛应用和不断成熟，市域铁路的 PPP 模式相对滞后，截至 2017 年 9 月，仅有台州市域铁路 S1 线 PPP 项目完成采购工作，金华市金义东市域铁路 PPP 项目处于推进过程中。

2. 印度轨道交通 PPP 发展概述

自 1991 年的印度经济改革以来，印度经济持续快速增长，基础设施建设远远滞后于经济发展，尤其是相对于其他发展中国家。印度政府希望通过 PPP 鼓励私人资本参与基础设施建设，因此 PPP 在印度发展较快，在城市开发、教育、医疗、交通、能源、通信等领域都得到了较广泛的应用（Patil et al.，2016）。印度中央政府和各邦政府都建立了 PPP 主管机构，发布了一系列操作指南和合同范本。当然印度的 PPP 发展也同样面临诸多阻碍，如政策和监管的软弱、缺乏长期融资渠道、公共部门能力不足等（Dudley，2015）。

印度的城市轨道交通由地铁、轻轨、市域铁路、单轨和有轨电车组成。市域铁路在印度主要城市的公共交通系统中扮演着重要的角色。一些大城市，如孟买、德里、金奈、普纳、加尔各答和海德拉巴都建有市域铁路。其中，孟买市域铁路是历史最悠久的（建于 1853 年），加尔各答市域铁路则是印度最大的线网（拥有 20 条线路）。印度市域铁路的客流量从 1970 年的 120 万上升到 2012—2013 年的 440 万，孟买、加尔各答和金奈的市域铁路约占印度铁路 208193 万千米的 7.1%，占所有铁路旅客的 53.2%。

印度轨道交通领域的 PPP 项目并不多，据印度经济事务部的统计，截止到 2016 年，印度共有 PPP 项目 1548 个，其中铁路 PPP 项目仅有 11 个，城市轨道交通 PPP 项目仅有 4 个。

二、中印市域铁路 PPP 典型案例比较

1. 台州市域铁路 S1 线 PPP 项目

台州市域铁路线网由 S1 和 S2 两条线路组成，均为新建项目。S1 线全长 52.4 千米，桥隧比为 99.32%，设站 15 座，其中地下站 7 座，高架站 8 座，平均站间距 3.5 千米。设计车速 140 千米/小时，初、近、远期均采用 6 辆编组，车辆选型为市域动车组。批复的初步设计概算 228.19 亿元，项目资本金占总投资的 40%，其中政府方出资代表出资 20%、社会资本出资 80%。台州市域铁路 S1 线连接临海、椒江、路桥、温岭等区县，是台州地区南北向主要交通走廊。本项目的实施有助于促进台州市域一体化发展，提高中心城区向心力和首位度，落实公交优先发展战略，改善居民出行条件，减少交通拥堵和尾气排放，推动台州社会经济发展，促进可持续发展。

本 PPP 项目采用建设—运营—移交（Build-Operation-Transfer，BOT）运作模式（见图 6-11），台州市政府授权台州市发改委（铁办）作为实施机构负责项目的具体实施，台州市轨道交通建设投资有限公司作为政府出资代表，实施机构通过公开招标方式选择社会资本，社会资本与政府出资代表合资组建 SPV，实施机构代表政府与 SPV 签订 PPP 合同，由 SPV 负责项目融资、建设与运营，合作期满，项目相关设施无偿移交政府或其指定机构。合作期为 30 年，其中建设期 4 年，运营期 26 年。项目的回报机制为"使用者付费+可行性缺口补助"，使用者付费包括票务收入和其他相关商业收入，可行性缺口补助包括可用性付费与运维绩效付费。项目采用"绩效考核、按效付费"的支付方式，建设期政府方不支付任何补贴；运营期内，项目实施机构根据项目公司的履约情况进行绩效考核，绩效评价体系包括用于建设阶段的可用性绩效指标和用于运营阶段的运维绩效指标，财政部门将根据绩效考核结果向项目公司支付可行性缺口补助。可行性缺口补助的支付周期为半年。政府支出义务由台州市本级及沿线各县（市、区）政府纳入财政预算和中长期财政规划。为保证风险的合理分担，本项目建立

了最低需求风险、调价机制、超额收入分成机制等机制。本 PPP 项目自 2016 年 9 月正式启动，2017 年 5 月完成采购工作，中国中车联合体中标，项目公司于 2017 年 9 月正式成立。

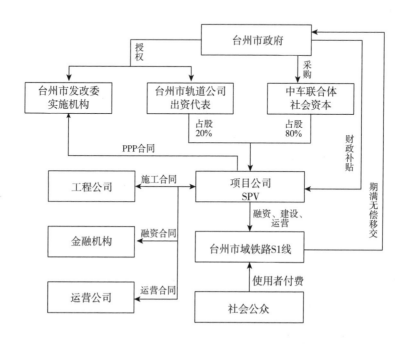

图 6-11　交易结构

资料来源：笔者自绘。

2. 印度海得拉巴市域铁路 PPP 项目

海得拉巴（Hyderabad）是印度第六大城市，安得拉邦的首府，位于印度中部。海得拉巴市域铁路也叫海得拉巴多模式交通系统（Multi-modal Transport System，MMTS），长度为 71.16 千米，共设站 66 个，包含 3 条线路，总投资 1181.4 亿卢比（约合人民币 119.3 亿元）。本项目于 2010 年签署特许经营协议，2011 年融资关闭，2013 年最终评审通过。海得拉巴市域铁路不仅是一个简单的交通项目，而且被当地政府看作城市转型成以人为本的绿色城市的一个发展机会，同时被当作城市景观的新地标。海得拉巴市域铁路的建设不仅采用了大量新技术，而且非常注重以人为本和用户体验，在设计和建设中充分考虑方便妇女、儿童和残疾人，同时强调与火车站、公交车站、汽车站等交通体系的无缝衔接。

海得拉巴市域铁路是印度投资最大的 PPP 项目，具体采用 DBFOT（Design-Build-Finance-Operate-Transfer）方式。合作期 35 年，包含建设期 5 年，同时拥有续期 25 年的权利。本 PPP 项目的回报机制为"使用者付费+可行性缺口补助"，其中政府可行性缺口补助为投标标的之一，政府原本预期补贴额为总投资的 20%，即 236.3 亿卢比，经过投标，中标人的报价为总投资的 12.34%，即 145.8 亿卢比，政府节约支出 90.5 亿卢比。可行性缺口补助由安得拉邦政府支付。为了提高项目的收益，项目同时采用 TOD（Transit-oriented Development）模式，在 Miyapur、Nagole 和 Falaknuma 三个停车场周边提供了大约 10 万平方米的土地用于商业开发。本项目中标的社会资本为一家印度著名的跨国公司 Larsen and Toubro Limited，中标人成立了项目公司 L&T Metro Rail（Hyderabad）Limited，具体负责项目的设计、建设、融资和运营。安得拉邦政府和社会资本分工合作，由社会资本负责运营（委托法国凯奥雷斯集团运营），政府负责票务柜台、自动售货机、安检设备、厕所、绿化、残疾人设施、广播系统、公共信息系统以及设施的更新等。

三、市域铁路 PPP 发展启示

通过对中印两国市域铁路 PPP 具体案例的背景分析和比较研究，形成的对其他城市市域铁路 PPP 模式实施的启示如下：

（1）市域铁路适合采用 PPP 模式。通过前述分析可以看出，PPP 模式有效弥补了政府财政支出的不足，引入有经验、有实力、有技术优势的社会资本，在政府和企业之间形成长期合作关系，合理分担风险，互利共赢，提高了建设和运营的效率，有助于加快推进市域铁路发展。

（2）风险合理分担是市域铁路 PPP 模式成功的关键因素之一。风险的识别和合理分担是 PPP 中机制设计的基础，坚持风险的分担与风险来源相对应，坚持风险的分担与风险发生责任方相对称，坚持风险的分担与风险承担者的承担能力相对称，坚持风险的分担与风险收益相对称。

（3）市域铁路 PPP 要坚持可持续发展导向和以人为本。市域铁路是重大民生工程，在设计和设施配置中要强调以人为本，尤其是重点关注妇女、儿童和残障人士等，切实保障市域铁路能被普通民众享受。市域铁路 PPP 项目还要坚持可持续发展导向，不仅要保障经济效益，同时还要注重社会效益和环境效益。

（4）回报机制的科学设计有助于项目的实施。市域铁路 PPP 项目是典型的准经营性项目，收入不足以涵盖成本，需要政府补贴。因此，一方面，在政府财力许可的前提下，做好以绩效考核为核心的补贴机制；另一方面，充分结合 TOD、"轨道+物业"、溢价回收等模式，丰富市域铁路的收益来源。

（5）切实做到量力而行和规范实施。市域铁路 PPP 项目投资大、周期长、风险多，在实施之前需要做好项目可行性论证，有序推进，不是急需的项目和财力无法承受的项目不要轻易批准。PPP 项目实施过程中要坚持依法合规，规范实施，切不可为暂时的利益而违背法定程序。

（6）做到有为政府和有效市场的结合，坚持发挥市场在资源配置中的决定性作用，政府要积极引导但又要恪守权力边界，到位但不越位。

（7）专业且负责的多方咨询机构是项目成功的重要保障。政府部门和实施机构在初期由于对 PPP 不够熟悉，需要聘请咨询团队提供专业服务。海得拉巴市域铁路 PPP 项目聘请了艾奕康（AECOM）、安永（E&Y）、柏诚（Parsons Brinckerhoff）、合乐（Halcrow）等世界一流的咨询机构提供全过程、多专业的咨询服务。台州市域铁路 PPP 项目也通过竞争性磋商方式选择了北京和明、大成律所、安永会计师事务所等一流的咨询团队提供 PPP 全过程咨询服务。这些咨询机构为项目的成功实施提供了专业保障。

市域铁路作为轨道交通的一种主要制式，对提升城市公共交通服务水平，满足居民出行需求，缓解城市病，优化城市空间格局，促进区域一体化，推动经济发展等具有重要作用。我国市域铁路存在发展滞后，有效供给不足，发展理念和体制机制问题突出等问题，急需改革创新和加快发展。PPP 模式作为一种基础设施投融资创新模式，对推动市域铁路跨越式发展具有重要的潜在价值，也在国内外实践中取得了一定成效。总结国内外市域铁路 PPP 成功案例的经验，形成可复制、可推广、可借鉴的发展模式，是当前的一个重要工作。

本节在梳理中印两国轨道交通 PPP 发展过程和现状的基础上，通过对中国台州市域铁路 S1 线 PPP 项目和印度海得拉巴市域铁路 PPP 项目的比较分析，总结了市域铁路 PPP 发展经验，以期对我国市域铁路 PPP 模式的有序发展提供借鉴参考。由于篇幅所限，市域铁路 PPP 模式的深度经验总结，如关键成功因素、风险识别与分担、回报机制、财务可行性与多情景模拟等内容需要在后续研究中进一步开展。

第七章 中国 PPP 应用评估

第一节 旅游 PPP 应用评估

旅游业是国民经济的战略性支柱产业，据《"十三五"旅游业发展规划》披露，2015 年我国旅游业对国民经济的综合贡献度达到 10.8%。旅游业具有较强的综合带动作用，大力发展旅游业对促进社会经济发展，推动产业转型升级，增加就业和居民收入，提升生活品质都具有重要意义（Briedenhann and Wickens，2004；Durbarry，2004）。尤其是党的十九大报告指出，中国特色社会主义进入新时代，经济发展也进入了新时代，在供给侧结构性改革深入推进和推动新型城镇化发展等多重发展态势叠加下，旅游业发展更具有促进小康社会建设、加快城乡一体化等功能（刘春济等，2014；刘敏等，2015；郭舒，2015）。

中国旅游业将迎来新一轮黄金发展期，《"十三五"旅游业发展规划》提出，"十三五"期间，旅游投资总额要达到 2 万亿元，旅游直接投资年均增长 14%以上。如此巨大的投资仅依靠政府财政投入显然难以实现，如何弥补巨大的资金缺口是各级各地政府发展旅游产业面临的主要挑战之一（刘啸，2018）。此外，传统的旅游资源开发和旅游产业发展主要是依托政府的行政主导，随着中国社会经济的发展和人民群众收入的提高，由此引致的对美好生活的追求也趋于多元化和品质化，相对于旅游市场巨大的需求，旅游产品和服务的供给处于不匹配不充分阶段，旅游消费升级倒逼旅游业供给侧结构性改革（魏小安，2018）。"十三五"时期乃至未来一个时期，旅游业呈现新特征，迎来新任务，如由景点旅游发展模式向全域旅游发展模式转变，旅游产业的转型升级和提质增效等，都需要社会化多元主体的积极参与。因此，通过 PPP 模式引入社会资本，充分发挥民营企业的主体积极性和市场活力，弥补政府财政资金缺口，提升旅游服务的质量和效益，通过以特许经营协议为基础的市场机制，在政府和企业之间形成利益共享、风险分担的长期合作关系，加快旅游业的发展是值得尝试的重要途径。

在 2014 年之前的中国 PPP 发展中，PPP 项目主要集中于水务、交通、能源等具有稳定收益来源的经营性项目，旅游是一个受到忽视的领域，基本上很少有旅游 PPP 项目。2014 年以来，旅游 PPP 成为国家重点推进的新领域之一，PPP 模式在很多旅游项目中得到了应用。截至 2016 年底，财政部 PPP 项目库入库旅游 PPP 项目达 655 个。虽然旅游 PPP 发展迅猛，但作为一种新模式，旅游 PPP 在适用范围、交易结构、机制设计、风险分担、建管模式等方面都面临许多不确定性和不成熟性，导致落地率偏低。因此，虽然从时间维度看旅游 PPP 应用并不算太长，但对已有的旅游 PPP 模式和项目进行分析和评估，有助于提高旅游 PPP 项目的成功率，有助于为政府决策提供参考，有助于推动旅游产业的健康发展。考虑到发展不平衡不充分的基本国情对旅游产业有着基础性影响，本书立足空间的异质性特征和 PPP 的区域差异，强调以地理的视角和方法着重分析旅游 PPP 的空间格局、分布特征和影响因素。

本节以财政部 PPP 项目库为来源，从中选取所属行业为旅游的 PPP 项目作为研究数据来源。经筛选，符合条件的旅游 PPP 项目共计 655 个，时间跨度为 2012 年 1 月 1 日至 2016 年 12 月 31 日。其余数据均来源于国家统计局和国家旅游局网站。考虑到旅游 PPP 项目的空间布局具有较显著的非均衡性，本节采用地理探测器方法测度和分析旅游 PPP 项目的空间分异及影响因素。

一、旅游 PPP 研究进展

对于当前中国旅游产业所处的阶段而言，投资是驱动旅游业发展的重要动力（徐林强和童逸璇，2018）。旅游投融资研究也一直是学界关注的热点（邓爱民，2009）。旅游投资研究的主要内容包括投资现状、投资对象、投资模式和投资效果评价等（吴丽云，2018）。总体而言，中国的旅游投资滞后于旅游市场和产业发展，而且存在一些体制性结构性问题，体现在市场机制不完善、资金规模不足、资金结构不合理、融资渠道不丰富、投资效率不高等方面（夏杰长和齐飞，2018；钟海生，2001）。旅游投资是个宽泛的范围，投资对象涵盖了旅游产业的各个领域，而且随着对旅游产业认知的不断深化，旅游投资对象的研究从传统的旅游景区（张晓明和丁颖，2007）、旅游企业（陈永生和简洁，2014）、酒店（俞萌，2015；何建民，2005）、基础设施等转向新业态新领域，如全域旅游（任萌，2018）、乡村旅游（李涛，2018）、红色旅游（旷红梅，2011）等，目的在于通过投资撬动和优化旅游产业的健康发展。投资模式是旅游投资的核心之一，传统的投资模式以政府投资和银行商贷为主，随着中国资本市场的成熟，市场化的投融资模式不断被引入旅游产业，如 IPO、债券、产业基金、资产证券化（ABS）等，多元化、金融化、资本化、杠杆化等趋势加重（周春波和李玲，2015；张向阳等，2018）。

投资绩效评估有助于完善投资机制和促进决策优化，一直备受学者重视。学者们运用理论阐述和实证分析相结合的多元方法对旅游投资绩效进行了多角度评估。李涛等（2017）从饭店业的外商投资入手，识别了其空间格局及演化特征，并通过钻石模型解析了影响因素和作用机理。丛晓男和王铮（2017）基于 Krugman "地理本性论" 理论，构建了包含旅游资源禀赋、旅游区位与市场、商业基础条件、旅游政策等要素的区域旅游投资潜力评价指标体系。中国是一个发展不平衡不充分的国家，区域不均衡对旅游投资和旅游产业都有重要影响，现有的研究也认识到了这个特征。比如苏建军和孙根年（2018）利用面板数据系统分析了旅游投资增长质量的时序动态变化与地区差异。李涛等（2017）以主题公园投资数据为基础对文化旅游投资的规模机构和空间布局进行了研究。阎友兵和陈彪（2017）利用探索性空间数据分析（ESDA）的方法对中国旅游投资的空间格局及演变进行了分析，发现中国旅游投资存在显著空间差异。

旅游 PPP 在国外很多国家和地区，如欧洲、非洲和东南亚，有着较多的尝试，取得了较丰富的经验。国外的实践和研究表明 PPP 模式是适合旅游产业的。比如，Ekpenyong 和 Mmom（2015）以尼日利亚的实证研究表明 PPP 有效促进了旅游产业发展。Surugu 和 Fildous（2014）以加纳租车业 PPP 案例研究表明 PPP 模式在加纳旅游界获得了高度认可。Chowdhury 等（2013）的研究也表明，适当地实施 PPP 可以推动孟加拉国旅游业发展进而促进经济增长。Wong 等（2012）则通过萨摩亚的案例研究指出，旅游 PPP 对气候变化适应也有潜在的巨大作用。Weiermair 等（2008）通过阿尔卑斯山旅游的案例分析发现，PPP 有助于促进旅游业的可持续发展。

中国旅游 PPP 研究的发展与实践有密切的关联，总体呈现实践导向的态势。以"旅游"加"PPP"作为关键词在中国知网（CNKI）进行检索，截至 2021 年 12 月，共有文献 601 篇。从发文数量年度趋势可以看出，中国旅游 PPP 相关的论文主要集中在 2014 年之后，也就是旅游 PPP 模式开始规模化应用之后，如图 7-1 所示。目前中国旅游 PPP 的研究基本特征包括以下几点：①以应用研究为主，包括旅游景区、旅游基础设施、旅游特色小镇、传统村落等业态的 PPP 模式应用（张剑文，2016；赵华，2017；钱洁等，2015）；②文献以报纸文章居多，期刊论文较少，尤其是高质量高影响的研究成果不多，旅游 PPP 研究总体处于起步阶段；③多学科参与，旅游业是一个关联性极强的产业，旅游 PPP 涉及面广，项目干系人众多，研究切入的学科理论和方法也较多，包括宏观经济、财政税收、金融、文化、资源科学等诸多学科（陈必轩，2017；李玉龙，2017；周瑶，2017）。

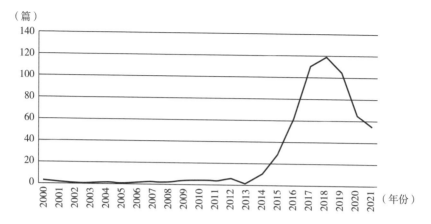

图 7-1　2000-2021 年旅游 PPP 论文发文量

资料来源：笔者根据数据自绘。

二、中国旅游 PPP 适宜性分析

经济学人智库（Economist Intelligence Unit，EIU）曾经提出了一个国家推行 PPP 模式的环境评价指标，主要指标包括：法律法规体系、制度框架、运营成熟度、投资环境、基础设施资金的融资机制、地区调节因子等（Economist Intelligence Unit，2015）。EIU 建立了一套评分标准，对亚太地区国家的 PPP 适宜性进行打分，比如 2014 年，中国得分 55.9 分，在亚太地区国家中排名第八，属于新兴等级（共分为成熟、发达、新兴、初级四个等级）。本书借鉴了 EIU 的适宜性评价体系和思路对中国旅游领域采用 PPP 模式的适宜性进行定性评估，为了与旅游行业更契合，将最后一项地区调节改成行业调节。

1. 法律法规体系

中国的法制体系有待进一步健全，尤其是 PPP 相关法律缺失、层级较低、权威性不够，一直被认为是制约中国 PPP 发展的重要原因（陈玳和李丹，2017）。在中国过去几十年的 PPP 发展历程中，关于 PPP 的法律法规主要以各部门的规章为主，政策文件较少。2014 年以来的新一轮 PPP 热潮中，政府对法律法规的制定高度重视，虽然法律层面的 PPP 法和特许经营法尚处于征求意见阶段，但各相关部门密集出台了数十个鼓励 PPP 发展的政策法规，基本明确了 PPP 的操作流程、职能划分、编制指引等，为 PPP 的规范化实施提供了保障。

2022 年 2 月，文化和旅游部联合财政部共同发布了《关于在旅游领域推广政府和社会资本合作模式的指导意见》，对旅游 PPP 的发展原则、重点领域和实施机制指明了方向，是旅游 PPP 发展的标志性指导文件。在此之前，由于缺乏专门的指导文件，旅游 PPP 的政策散见于其他部委的文件，如《国务院办公厅关于进一步促进旅游投资和消费的若干意见》（国办发〔2015〕62 号），明确提出支持企业通过 PPP 模式投资、建设和运营旅游项目。六部委《关于促进交通运输与旅游融合发展的若干意见》（交规划发〔2017〕24 号）要求积极探索采取 PPP 模式。一些地方旅游局大胆先行先试，出台了专门的 PPP 文件，如内蒙古自治区旅游局颁布的《关于旅游公共服务领域推广政府和社会资本合作的实施意见》（内旅办发〔2015〕128 号）。此外，财政部和国家发展和改革委员会的一系列关于 PPP 的文件也提到了旅游是鼓励推广采用 PPP 模式的重点领域之一。这些政策文件为旅游 PPP 的发展提供了政策指引。

2. 制度框架

中国在国家层面仍未建立一个统一的一站式 PPP 项目主管机构，财政部虽然成立了 PPP 中心，但对其他部委并无话语权，在部际协调和 PPP 项目推进上存在先天不足。地方层面的 PPP 机构设置相对要更丰富和突出，很多地方政府成立了主管领导负责的 PPP 领导小组，在财政局和国家发展和改革委员会都设置了 PPP 主管机构，职权相对明确和统一。2014 年以来，财政部的《政府和社会资本合作模式操作指南》《政府和社会资本合作项目财政承受能力论证指引》《PPP 物有所值评价指引（试行）》先后颁布实施，为 PPP 的实施明确了规范的运作流程和编制指引，尤其是构建了五个流程、19 个步骤的操作流程和与国际接轨的物有所值评价制度，对推广 PPP 具有重要意义。

旅游 PPP 目前主要由国家发展和改革委员会、财政部、旅游局等部门联合推进，但在具体职责分配和行业监管等方面都尚无明确设置，考虑到旅游行业的重要性和专业性，旅游行业主管部门设置专门的主管和协调机构，将更有利于旅游 PPP 的工作推进和能力提升。在实践中，一方面，旅游 PPP 的运作要遵循财政部 PPP 指南的规定；另一方面，也需要各部门进一步加强分工协作，提升对旅游 PPP 模式全寿命周期各模块内容的监管。

3. 运营成熟度

PPP 并不是一个新事物，从 20 世纪 80 年代的沙角 B 电厂 BOT 项目算起，PPP 在中国已经有超过三十年的发展历程，在交通、水务、市政、能源电力等基础设施领域应用了数千个 PPP 项目（Cheng，2016）。2014 年以来，在国家的推动下，PPP 更是获得了广泛的推广应用。虽然 PPP 项目落地率不高，许多项目还存在运作不规范等问题，但中国在 PPP 模式推广实施方面积累了丰富的经验，PPP 运作成熟度不断提升。

相对于其他领域，旅游 PPP 应用处于起步阶段，但得到了国家高度重视和较广泛的应用，发展迅速，如财政部第一批 PPP 示范项目中，无一例旅游项目，第二批有 4 个，第三批就有 18 个。这些旅游 PPP 项目的实施，积累了一定的经验，为后续的推广工作奠定了基础。

4. 投资环境

中国的 PPP 是一个行政主导发展的过程，政府的意愿起到了主导作用，这一方面有助于 PPP 模式的快速和大范围推广实施；另一方面，过强的行政介入容易侵蚀市场的决定作用，扭曲合理的供需关系和市场机制。PPP 既获得了前所未有的重视和发展机遇，也被赋予了过度的职责。

旅游开发专业性较强，虽然已有多年实践，但仍然处于发展态势，具有较强的创新空间，对潜在投资人或参与人的要求较高。投资人不仅要有雄厚的资金实力、融资能力和运营能力，还要有系统集成能力和管理创新能力。

5. 融资机制

旅游 PPP 项目多，投资大，属性复杂，有新建项目，也有改造项目，包括基础设施、景区、旅游综合体、旅游小镇等。有经营性项目和非经营性项目，收益来源包括门票和商业经营收入。因此，旅游PPP项目的回报机制以使用者付费为主，部分存在政府可行性缺口补贴，主要取决于旅游PPP项目的组成情况。旅游PPP模式中未来收益是否稳定可靠是项目成败的主要因素。虽然通过机制设计，如可以通过设置最低客流量等措施让政府分担一部分风险，但项目本身的吸引力和经营管理才是核心。此外，国家政策也明确鼓励金融机构提供中长期信贷和积极开展购买服务协议预期收益等担保创新类贷款业务，支持符合条件的企业发行企业债券、公司债券、资产支持证券和项目收益票据等。

6. 行业调节

旅游外部效应强，带动效益大，产业链长，集成优势明显，综合效益显著，对拉动经济发展、促进经济结构转型升级、推动改善民生、满足人民群众休闲消费需求都具有极强的成效。国外的旅游实践涌现了PPP模式的成功案例，再结合中国其他领域PPP应用的成败经验，为中国旅游PPP模式的实施奠定了初步基础。但PPP也不是万能的，考虑到PPP模式的局限性和不同行业之间的差异性，应当鼓励根据项目属性和空间特性，并行采用传统建设模式和PPP模式。同时，也要看到旅游PPP是一个系统工程，涉及工程技术、规划、景观园林、建设、运营、投融资、法律、设备等诸多领域和专业旅游PPP应当统一规划、分步推进、标杆示范、鼓励创新，不断总结经验、深化认识，最终实现PPP的全寿命周期的物有所值。

7. 适宜性总体评价

通过对法律体系、制度框架、运营成熟度、投资环境、融资机制和行业调节等内容的适宜性评价体系的定性分析，可以看出总体上中国旅游PPP发展的环境较为适宜，法律和制度环境已经具备了一定的基础，针对项目融资的支持环境大幅改善，机构间的协作和沟通机制初步建立，其他领域的PPP实践经验也为旅游PPP提供了参考借鉴。但同时也应该看到还存在许多不足，如尚未出台专门针对旅游的PPP模式指南或办法，旅游系统专门的机构和职责也尚未明确，针对旅游行业特色和需求的PPP模式交易结构设计、实施要点和风险分担等需要进一步的研究。

三、中国旅游 PPP 项目空间分布格局

通过对财政部 PPP 项目库中截至 2016 年 12 月 31 日的旅游 PPP 项目的分析，当前旅游 PPP 项目空间分布格局及特征如下：

1. 空间格局

基于省级行政单元尺度对旅游 PPP 项目的空间分布格局进行分析，无论是以项目数量还是以投资额度衡量，都存在显著的空间分异性。旅游 PPP 项目多的省份主要集中于中西部地区，东部地区例外的省份是山东，但山东之所以旅游 PPP 项目多并不是旅游资源丰富，而是其对 PPP 模式高度重视，大力推广，截至 2016 年底，山东的 PPP 项目总数高达 1087 个，位居全国第二。其中，天津、吉林、上海和西藏都没有旅游 PPP 项目。旅游 PPP 项目数量和投资总额的空间分异格局有所不同，东部地区旅游 PPP 项目总数为 137 个，投资总额为 1849 亿元，单个项目的平均投资额为 13 亿元；中部地区旅游 PPP 项目总数为 108 个，投资总额为 1157 亿元，单个项目的平均投资额为 10 亿元；西部地区旅游 PPP 项目总数为 410 个，投资总额为 3838 亿元，单个项目的平均投资额为 9 亿元。东部地区省份的旅游 PPP 单个项目投资额比中西部地区要大，结合旅游资源的东西部差异，原因可能有以下几点：①东部地区在旅游投资上更注重大项目的开发和带动作用；②东部地区的旅游 PPP 项目更多的是投资驱动型，即在旅游资源禀赋一般的景区通过高强度投资打造旅游目的地；③中西部地区的旅游资源较多，尤其是自然旅游资源，但开发程度较低，市场空间较大，而当地要素投入不足，因此对 PPP 模式需求较大。

2. 投资规模

旅游 PPP 入库项目 655 个，投资额共 7126 亿元，每个项目平均投资 10.8 亿元，低于全部入库项目的平均投资额 11.98 亿元，中位数为 4.5 亿元。投资额最大的项目是宁夏银川丝绸之路国际旅游博览园项目，投资高

达 500 亿元，投资额最小的项目是贵州福泉市潮音阁项目，投资额为 300 万元。就各省份的项目平均投资额来看，也存在显著的空间差异，宁夏、海南和浙江的项目平均投资额排在前三位。一般而言，PPP 项目前期成本较高，如果投资规模过低，采用 PPP 模式并不经济合理，因此国际上一些国家规定了 PPP 项目的投资额度门槛，如澳大利亚规定是 5000 万澳元。中国目前没有国家层面的规模限制，但考虑到旅游 PPP 项目的可行性和积极性，在实际中还是建议制定合理的 PPP 项目遴选阈值。

3. 具体模式

PPP 是一系列模式的总称，具体的模式及变形有几十种之多（王守清和柯永建，2008）。财政部的指南明确了建设—运营—移交（Build‐Operate‐Transfer，BOT）、建设—拥有—运营（Build‐Own‐Operate，BOO）、转让—运营—移交（Transfer‐Operate‐Transfer，TOT）、改建—运营—移交（Rehabilitate‐Operate‐Transfer，ROT）、委托运营（Operations & Maintenance，O&M）、管理合同（Management Contract，MC）六种模式。旅游 PPP 入库项目中，BOT 占据了绝对优势，共有 459 个（含 2 个 BOT+TOT），占全部旅游 PPP 项目的 70%，如图 7-2 所示。PPP 最初起源于 20 世纪 80 年代的 BOT，后于 90 年代在英国升级为 PPP，BOT 是 PPP 中最常见的一种模式，在中国也有较长的应用历史和较广的应用范围。BOT 模式由政府通过公开竞争方式选择社会资本组建项目公司（SPV），通过协议授权项目公司负责项目的融资、建设、运营维护，合作期满无偿移交给政府。BOT 适用于新建项目，尤其是具有稳定收益来源的经营性项目。

4. 回报机制

按照财政部的文件，目前 PPP 的回报机制主要由使用者付费、政府付费和可行性缺口补贴三种模式组成。使用者付费是指由最终消费用户直接付费购买公共产品和服务。政府付费是指政府直接付费购买公共产品和服务，政府可以依据项目设施的可用性、产品或服务的使用量以及质量向供应商付费。可行性缺口补贴是指项目收入不足以涵盖成本回收和合理回报时，由政府给予补贴以弥补收益缺口。旅游 PPP 项目中采取使用者付费模

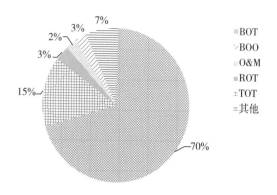

图 7-2 旅游 PPP 具体模式

资料来源：笔者根据数据自绘。

式的项目高达 424 个，占全部旅游 PPP 项目的 65%，其次为可行性缺口补贴项目，如图 7-3 所示。这也是由旅游的性质特征决定的，一般而言，除了道路水电等独立的旅游基础设施项目外，其余的旅游项目，不管是旅游景区还是旅游小镇或者是其他新业态，都具有收益来源，但由于规划、运营、市场等其他因素影响会存在收益的差异，即部分项目的收益完全足以涵盖成本并获取合理回报，也有部分项目的收益不足以涵盖成本，需要政府补贴，这就需要针对具体的项目成因和环境，制定相应的包括超额利益共享和最低客流量担保等在内的回报机制。

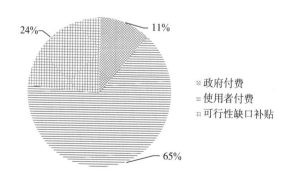

图 7-3 旅游 PPP 项目的回报机制

资料来源：笔者根据数据自绘。

5. PPP 合作期

国际上 PPP 合作期并无明确的要求，最长的可达 99 年。目前我国国家规定的 PPP 合作期在 10—30 年。旅游 PPP 入库项目中，大部分项目符合规定，合作期 10—30 年的项目总共为 624 个，占全部旅游 PPP 项目的 95%，如图 7-4 所示。这表明大部分旅游 PPP 项目都是符合国家规定的。就旅游项目的高成长性而言，较长的合作期有助于 PPP 项目的成功。

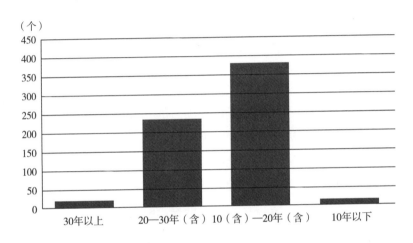

图 7-4　旅游 PPP 合作期

资料来源：笔者根据数据自绘。

6. PPP 落地率

财政部的 PPP 指南把 PPP 项目分为准备、识别、采购、执行和移交五个阶段。其中，项目完成采购进入执行阶段，就算落地。旅游 PPP 入库项目中，尚无项目进入移交阶段，进入识别阶段的项目最多，高达 510 个，占全部旅游 PPP 项目的 77.8%，如图 7-5 所示。进入执行阶段的项目有 31 个，落地率为 4.7%，远低于全部入库项目的 12.8%。旅游 PPP 落地率低的原因很多，如对社会资本专业能力要求较高、合适的潜在社会资本偏少、项目与 PPP 模式匹配程度不高、运作不规范交易结构不合理、存在一定的伪 PPP 项目，以及 PPP 项目前期周期较长等，需要具体项目具体分析。

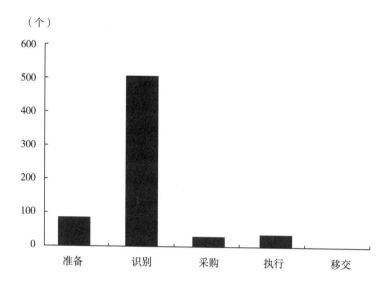

图 7-5　旅游 PPP 实施阶段

资料来源：笔者根据数据自绘。

四、中国旅游 PPP 项目空间影响因素识别与分析

1. 旅游 PPP 项目空间影响因素选取

旅游 PPP 兼具投融资和旅游行业双重特征，本节从旅游和投融资两个维度识别旅游 PPP 项目的空间分布格局影响因素。

对于投融资维度而言，PPP 作为基础设施和公共服务一种重要的创新投融资模式，其肇始、发展和扩展乃至波动，都是受到诸多影响因素作用的结果。亚洲开发银行认为政府参与 PPP 的动机有以下几点：吸引民间资本投资；提高效率，更有效地利用现有资源；通过职能、激励和责任的再分配推动相关行业的改革（Asian Development Bank，2008）。澳大利亚政府认为，采用 PPP 模式的动机有提升服务质量，降低成本，利用公私双方技能、知识和资源，增加公共服务供给，发挥集成优势，提升效率和成本效益，带来物有所值等（Infrastructure Australia，2008）。Hwang 等（2013）认为，影响 PPP 吸引力的因素有七个积极因素和七个消极因素，积极因素包括（按重要性区分）更好的物有所值、改进风险、促进创造创新和成本效益解决方案、提升质量和服务、分担项目的全部成本、引入私人资本的专业技能、资源的优化分配等。Chan 等（2009）识别了 PPP 的驱动因素有五大类，包括合理分担风险、节约成本和物有所值、提升资产质量和服务水平、减少公共支出、促进经济发展等。在中国，发展 PPP 的驱动因素主要是弥补资金缺口，提高效率和质量，加快基础设施建设，促进经济发展和推动机制体制改革（韦小泉等，2017）。在上述因素基础上，综合考量中国 PPP 的发展环境，本书选取 GDP、财政收入、财政支出、固定资产投资额、城镇化率等指标作为 PPP 维度影响旅游 PPP 发展和空间布局的影响因素。

对于旅游维度而言，研究早就表明中国区域旅游业发展存在空间差异（张凌云，1998），这种发展差异是多因素综合影响的结果（敖荣军和韦燕生，2006）。虽然影响因素的组成及影响机理一直存在争议（毛润泽，2012），但大体而言，影响因素主要包括旅游资源禀赋、区位条件、基础设施、服务设施以及经济发展水平等（赵磊，2011；万绪才等，2013；李亮和赵磊，2013）。旅游 PPP 本质上属于旅游供给侧结构性改革，是旅游产品和服务的一种社会化创新供给模式，既包含了旅游目的地的开发，也包含了相关基础设施和服务设施的建设。因此，本节选取旅游资源评价因子（竞争力）、旅游收入、游客数量等指标作为旅游产业维度影响旅游 PPP 发展和空间布局的影响因素。

本节共选取了 GDP、财政收入、财政支出、固定资产投资额、城镇化率、旅游资源评价因子（竞争力）、旅游收入、游客数量八个影响因素对旅游 PPP 的空间格局分异及影响机理进行分析。在地理探测器中，其对应分别为 X1、X2、X3、X4、X5、X6、X7、X8，因变量为各省份的旅游 PPP 项目数。旅游资源评价因子（竞争力）的取值来源于张广海和王佳（2013）的论文《中国旅游资源竞争力综合评价及其开发类型研究》，他们通过综合、人文、自然三大旅游资源类型的赋权专家评分形成了各省份旅游资源竞争力得分体系（张广海和王佳，2013）。其余指标的数据全部来源于统计年鉴。由于财政部 PPP 项目库收集的是 2012 年以来的项目，考虑到影响时滞和数据的可得性，除旅游资源评价因子外，其余因素数据皆为 2010—2015 年的面板数据。由于地理探测器的自变量要求为类型变量，本节的影响因素数据需要离散化处理，用 SPSS 的 Hierarchical Cluster 进行聚类，分为五级。

2. 旅游 PPP 影响测度分析

本节在识别影响因素之后，考虑到研究的实际需求，利用地理探测器方法中的因子探测和交互探测分别对中国旅游 PPP 项目空间格局分布影响因素进行分析，以期初步揭示中国旅游 PPP 影响机理。

（1）因子探测。因子探测器的结果如图 7-6 所示。按照影响因素的解释度强弱排序为：X3 财政支出>X4 固定资产投资额>X2 财政收入>X5 城镇化率>X1 GDP>X8 游客数>X6 旅游资源竞争力>X7 旅游收入。旅游产业维度的影响因素排名最后三位，这表明总体而言旅游 PPP 空间分布格局主要受 PPP 的影响因素多于旅游产业的影响因素，一定程度上可以认为旅游 PPP 的旅游产业特征还不够显著，针对性不强，当前各地的旅游 PPP 项目更多的是出于推广 PPP 模式的目的，而不是基于旅游产业发展自身的需求。就单个影响因素而言，财政支出、固定资产投资和财政收入排前三位，而且影响程度远大于其他因素，反映了解决固定资产投资的财政资金缺口是旅游 PPP 的主要驱动因素。按照熊伟和诸大建（2017）的 PPP 3.0 理论框架，PPP 1.0 阶段是为了解决融资，PPP 2.0 是为了提高效率，PPP 3.0 是为了实现可持续发展。很显然，旅游 PPP 尚处于 PPP 1.0 阶段。当然，三个阶段并不是线性发展的。按照这个理论框架衡量，中国旅游 PPP 尚处于 PPP 1.0 和 PPP 2.0 并存、PPP 1.0 占主导的阶段。由于旅游 PPP 的主要驱动力来源于缓解资金压力，融资是考虑 PPP 模式的主要因素，这导致了当前旅游 PPP 的一系列问题，如旅游 PPP 项目的可行性论证不足，重融资轻运营导致项目落地性差，PPP 模式对旅游产业的效率提升和服务质量提高的作用有限等。

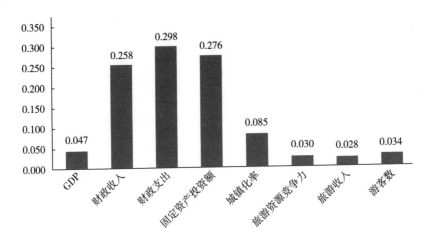

图 7-6　影响因素解释度

（2）交互探测。交互探测器用以探测识别不同风险因子之间的交互作用，结果如表 7-1 所示。结果表明，所有影响因素中任意两个因素交互后对旅游 PPP 的空间分异影响解释度均会显著提升，而且两个影响因素交互后的解释度要明显大于单个影响因素解释度。其中，GDP 和财政支出、GDP 和城镇化率、固定资产投资额和旅游收入、旅游收入和游客数等影响因素交互后解释度呈现双线性加强，其余因子交互后均是非线性加强，说明解释度增加更为明显。这表明，旅游 PPP 是多个因素综合作用的结果，影响因素之间的交互作用和联动性较强。

表 7-1　影响因素交互作用探测结果

	X1	X2	X3	X4	X5	X6	X7	X8
X1	0.047							
X2	0.648	0.258						
X3	0.377	0.728	0.298					
X4	0.755	0.773	0.883	0.276				
X5	0.186	0.665	0.618	0.760	0.085			
X6	0.291	0.889	0.406	0.787	0.312	0.030		

	X1	X2	X3	X4	X5	X6	X7	X8
X7	0.168	0.806	0.477	0.331	0.189	0.195	0.028	
X8	0.215	0.423	0.529	0.758	0.279	0.157	0.090	0.034

资料来源：笔者整理。

　　全球许多国家的经验和研究表明，PPP 模式在旅游领域是可行的，也有助于推动旅游产业发展和经济增长。本节借鉴 EIU 的 PPP 环境评价指标体系对中国旅游 PPP 的发展环境适宜性进行了评价，发现中国旅游 PPP 具备了较好的发展基础和制度环境，中国旅游采用 PPP 模式是可行的，但也存在很多不足，需要不断提升和完善。在旅游产业采用和推广 PPP 模式，通过 PPP 模式引入有经验、有实力的社会资本，有助于加快旅游产业的发展，促进实现"三步走"战略。通过对财政部 PPP 项目库入库 PPP 项目的实证分析，发现旅游 PPP 项目不管是规模还是模式特征都存在显著的空间分异，中国发展不平衡不充分的基本国情也深刻影响了旅游 PPP 的发展，旅游 PPP 在实施规范性和科学性方面仍有所不足。最后，通过地理探测器的方法对旅游 PPP 空间格局的影响因素进行识别和分析，发现旅游 PPP 是诸多因素综合影响的结果，但起关键作用的仍然是融资因素，旅游产业特征的针对性不足。

　　针对上述研究结果，本节认为在旅游 PPP 的下一步发展中，宏观角度重点是提高旅游行业的针对性，具体而言包括以下几点：

　　（1）旅游主管部门应当根据旅游产业的发展特征，结合 PPP 模式的制度要求，制定旅游 PPP 发展的办法或指南。

　　（2）鼓励各地旅游部门会同其他部门在国家政策的指导框架内，根据当地特色和发展需求，制定出契合本地实际的实施办法，切不可全国"一刀切"。

　　（3）在旅游 PPP 发展中，要坚持规范实施与鼓励创新相结合，坚持有效市场和有为政府相结合，坚持 PPP 谦抑性和积极推广相结合。

　　（4）考虑到旅游行业运营的重要性，厘清政府与企业职责分工，积极培育合适的市场主体作为社会资本，尤其是鼓励和吸引市场竞争中涌现出来的有活力有创新能力的民营企业。

（5）坚持以可持续发展为导向的 PPP 模式，注重旅游产业的生态脆弱性和资源环境承载力，打造绿色 PPP，服务并促进经济、社会与环境的可持续发展。

本节是对 2014—2019 年中国旅游 PPP 发展的一个简要评估，重点关注发展环境适宜性和空间格局以及影响因素，在方法上也以空间分析为主。本节明确指出中国当前的旅游 PPP 研究和实践都处于起步阶段，还停留在模式应用探讨层面。在后续的研究中，随着实践中问题的不断凸显和理论认识的逐步深化，借助多学科的理论和方法，在旅游 PPP 与可持续发展、金融市场、风险管理、大数据等领域开展定性与定量结合的多元研究。

第二节　海绵城市 PPP 应用评估

国务院办公厅《关于推进海绵城市建设的指导意见》（国办发〔2015〕75 号）定义海绵城市为"通过加强城市规划建设管理，充分发挥建筑、道路和绿地、水系等生态系统对雨水的吸纳、蓄渗和缓释作用，有效控制雨水径流，实现自然积存、自然渗透、自然净化的城市发展方式"。海绵城市实质上是城市发展理念的转变，即让城市回归自然，实现城市与自然环境的和谐发展（仇保兴，2015）。海绵城市是基于中国当前城市发展中水生态破坏、水环境污染、水资源短缺和城市内涝严重等问题提出的针对性解决方案和发展理念（俞孔坚等，2015）。通过海绵城市的建设，有助于贯彻新型城镇化和水安全战略，有效防治城市内涝，保障城市生态安全，促进人与自然和谐发展。

海绵城市建设意义重大，国家高度重视和积极推广，全国各地积极贯彻和试点落实。国家明确提出，到 2020 年，城市建成区 20% 以上的面积达到要求；到 2030 年，城市建成区 80% 以上的面积达到要求。2015 年，国家确定了首批 16 个海绵城市试点城市，起到了积极的试点示范作用。海绵城市建设综合采取"渗、滞、蓄、净、用、排"等措施，涉及河道整治、管网建设、雨水收集利用、污水处理等内容，建设投资较大，建设成本为 1.6 亿~1.8 亿元/平方千米（纪睿坤，2015），以试点城市要求的不少于 15 平方千米计算，每个海绵城市建设投资起码在 24 亿元以上。近些年，中国经济处于新旧功能转换的关键期，部分地方政府财政收支失衡现象突出，很多城市财政资金投入有限，仅仅依靠中央财政专项补贴和地方政府财政投入来支撑海绵城市建设显然是难以实现的。因此，通过 PPP 模式吸引社会资本广泛参与海绵城市建设是切实可行的路径。

PPP 模式作为近几十年流行的一种基础设施投融资创新模式，在国内外的基础设施和公共服务领域得到了广泛的应用，积累了丰富的经验和最佳实践案例（王守清等，2008）。但对于海绵城市而言，如何立足海绵城市的产业特征、实际需求和试点经验总结，设计合理可行的 PPP 模式方案，是值得重视和深入研究的方向。本部分在试点城市实地调研、理论分析和案例总结的基础上，构建海绵城市 PPP 模式框架，梳理和探讨海绵城市 PPP 模式中的关键实施要点和难点，为海绵城市 PPP 的推广提供指导和参考。

一、海绵城市 PPP 案例评估

1. 中国济南市海绵城市 PPP 案例

（1）案例概况。济南是山东省省会，国家历史文化名城，也是国家首批海绵城市试点城市，中心城区总面积 1022 平方千米，多年平均降雨量 665 毫米。济南地形复杂多样，水文地质特殊，历史上因境内泉水众多，被称为"泉城"，素有"四面荷花三面柳，一城山色半城湖"的美誉。但近几十年来，随着城镇化的无序推进和生态意识的淡薄，导致了泉水枯竭、内涝多发、水源不足、水质污染等问题，亟须整治。针对当前的发展困境，以问题为导向，济南市积极探索通过海绵城市建设，强化雨水径流源头减排和综合利用，提高区域水资源综合保障水平和城市防洪排涝能力，实现城市人居环境质量提升，促进社会经济与资源环境的协调可持续发展。

（2）总体框架。济南市海绵城市试点区域总面积 39 平方千米，由新老城区组成，总共 44 个项目，总投资 76.11 亿元。通过水生态工程、水安全工程、水资源工程、水环境工程等工程措施，实现年径流总量控制率 75%，雨水资源利用率不低于 12%、河道水质达到 IV 类水质等目标。

济南市海绵城市试点项目根据"流域打包、就近整合"的原则，选择了三个汇水片区采用 PPP 模式运作，即十六里河流域、兴济河流域和玉绣河片区，总投资 38.5 亿元，占试点建设项目总投资的 51.3%。济南市海绵城市 PPP 的具体运作模式如下：济南市政府授权市政公用局为实施机构，全权负责项目的实施，通过公开招标方式选择社会资本，由资产运营公司代表政府与社会资本共同出资成立项目公司，负责项目的融资、建设、运营维护，期满无偿移交给政府，如图 7-7 所示。

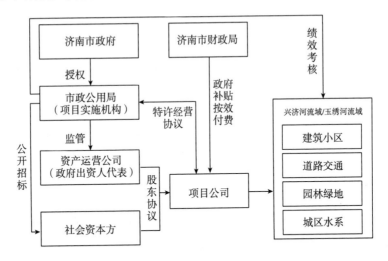

图 7-7 济南市海绵城市 PPP 结构

资料来源：笔者根据资料自绘。

（3）实施要点。济南海绵城市 PPP 实施中的要点有以下方面：

1）流域打包。由于海绵城市项目众多，属性复杂，为了取得连片效应、避免碎片化和形成整体优势，济南市海绵城市 PPP 立足地理条件，按照汇水分区整合划分，每个汇水分区均包括新建工程和存量工程，涵盖流域内道路、污水处理、水系、小区、园林等各类项目，采用总承包方式，统筹规划、项目全生命周期环节，选择一个具备投资、融资、建设、运营维护的社会资本统一负责设计、投融资、建设、运营维护等工作，发挥整体效益。

2）项目公司组建。济南海绵城市 PPP 项目公司由济南市政府授权济南市政公用资产管理运营有限公司作为政府出资机构与社会资本共同组建，其中社会资本出资 90%、政府出资机构出资 10%。政府股份不参与分红，但对项目公司具有监督权，对涉及重大公共安全、公共利益的事项具有一票否决权。

3）回报机制。根据海绵城市的特征属性和政策环境，济南海绵城市 PPP 中项目公司的收益来源主要包括：政府基础设施建设资金、经营性项目收费（如污水处理费）和经营性资源收入（如停车场、广告）等。

4）付费机制。济南海绵城市 PPP 为政府可行性缺口补贴模式，采用了与绩效考核挂钩的按效付费机制，考核指标包括总体目标和单体目标两个层级，总体目标包含流域内最终水质、水量控制等指标；单体目标包含道路、桥梁、河道、排水、园林绿化等专业指标。由政府部门组成的考核小组进行打分，根据考核结果按年度付费。

5）社会资本选择标准。济南海绵城市 PPP 在社会选择标准上着重从实施方案（包括建设管理方案、运营维护方案和移交方案等）、类似项目业绩、商务方案（包括项目公司设立、融资方案、财务模型、合同文件等）、报价（在限定的政府付费和项目内部收益率上限的基础上竞争报价）四个方面设置评审标准和办法，考察社会资本的综合情况，选择最适合的社会资本与政府进行合作。

2. 中国固原市海绵城市 PPP 案例

（1）案例概况。固原市位于黄土高原中西部，宁夏回族自治区南部，位于银川、兰州、西安三个省会城市构成的三角地带的中心位置，也是

"丝绸之路"经济带上的重要节点。固原市降水年际变化大，年内空间分配不均，70%以上的降水集中在7—9月。固原市面临水资源严重短缺、水环境质量堪忧、水生态系统脆弱、水安全保障不足等问题。固原市政府希望通过海绵城市建设，最大限度地减少城市开发建设对生态环境的影响；统筹推进新老城区海绵城市建设，逐步实现小雨不积水、大雨不内涝、水体不黑臭、热岛有缓解；建成中国黄土高原干旱半干旱地区海绵城市建设典范。

（2）总体框架。固原市海绵城市试点区域包含206个建设项目，面积23平方千米，总投资36.4亿元，主要分为老城区、西南新区和清水河流域三个片区，海绵城市建设主要集中在老城区和西南新区，主要任务为海绵城市修复改进与海绵城市优化提升。采用PPP模式的项目投资为27.4亿元，占总投资的75.3%。通过政府和社会资本的长期合作，鼓励PPP模式结合"技术+资本"、总承包等方式统筹实施，激活市场主体活力，引入先进技术与管理，合理分担风险，实现多元化融资，加快推进海绵城市建设，促进政府职能转变。

具体运作方式为BOT（建设—运营—移交），即固原市人民政府授权住建局作为实施机构，通过公开、公平、公正的政府采购程序选择合适的社会资本。社会资本与政府授权的出资代表按照一定股权比例成立PPP项目公司，实施机构代表政府与社会资本签订PPP项目协议，由项目公司负责PPP合作期内固原市海绵城市的融资、建设与运营，PPP合作期为15年（含2年建设期），PPP合作期满，项目无偿移交政府或其指定的机构，项目结构如图7-8所示。

（3）实施要点。

1）机制建设。固原市海绵城市PPP设计的主要机制包括合同管理机制和约束激励机制。PPP项目中，各项目参与方之间主要是通过签订一系列合同来明确和调整彼此之间的权利义务关系，以确保合作的顺利完成。在PPP项目实施过程中，政府与社会资本方共同签订PPP项目合同，此外各项目参与方之间签订的合同还涉及股东协议、履约合同（包括工程承包合同、

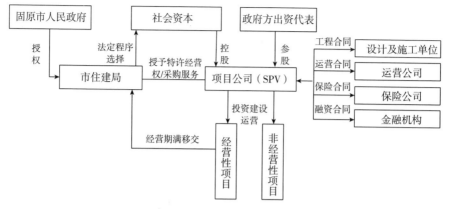

图 7-8　固原市海绵城市 PPP 结构

资料来源：笔者根据资料自绘。

运营服务合同等）、融资合同和保险合同等。激励约束主要体现在，项目公司需同时承担本项目的建设及运营维护等，政府方通过设置可用性绩效考核和运营维护期绩效考核，以有效激励社会资本从项目全生命周期成本统筹考虑本项目的建设及运营维护等。

2）投融资结构。固原市海绵城市 PPP 项目总投资 27.4 亿元，PPP 项目公司注册资本金 5.48 亿元，占 PPP 项目总投资的 20%。其中，政府出资 1.1 亿元，占 PPP 项目公司股权的 20%；社会资本方以自有资金出资 4.38 亿元，占 PPP 项目公司股权的 80%。申请中央财政专项补贴 12 亿元，其余资金由项目公司通过市场化融资解决。

3）协同推进。固原市海绵城市规划与建设高度重视与其他城市建设的协同推进，尤其是强调与城市更新紧密结合，计划利用三年时间完成 8.7 平方千米的棚户区改造，占海绵城市建设试点面积 23 平方千米的 36.1%。通过城市更新改造与海绵城市建设同步开展，发挥集成效应，减少浪费，降低成本，最大限度降低扰民影响。

4）风险分担框架。按照风险由最有控制力的一方来承担、承担的风险程度与所得回报相匹配、承担的风险要有上限的原则（刘新平等，2006），在政府和社会资本间合理分担风险。原则上，项目设计、建造、财务和运营维护等商业风险由社会资本承担，法律、政策等风险由政府承担，不可抗力等风险由政府和社会资本合理共担。

5) 物有所值评价。物有所值（Value for Money，VfM）评价是判断是否采用 PPP 模式代替政府传统投资运营方式提供公共服务项目的一种评价方法，旨在实现公共资源配置利用效率最优化。物有所值评价包括定性评价和定量评价。定性分析重点关注项目采用 PPP 模式与采用政府传统采购模式相比能否增加公共供给、优化风险分配、提高效率、促进创新和公平竞争、有效落实政府采购政策等，主要通过专家组评分方式进行。定量评价是在假定采用 PPP 模式与政府传统投资方式产出绩效相同的前提下，通过对 PPP 项目全生命周期内政府方净成本的现值（PPP 值）与公共部门比较值（PSC 值）进行比较，判断 PPP 模式能否降低项目全生命周期成本。PPP 值与 PSC 值两者之差即为 VfM 值。经过专家打分和定量测算，本项目的物有所值评价通过。

6) 财政承受能力论证。财政承受能力论证是指识别、测算 PPP 项目的各项财政支出责任，科学评估项目实施对当前及今后年度财政的支出的影响，为财政管理 PPP 项目提供依据。开展 PPP 项目财政承受能力论证，有利于规范 PPP 项目财政支出管理，有效防范和控制财政风险，实现 PPP 可持续发展。财政承受能力论证主要包括责任识别、支出测算和能力评估等阶段。固原市海绵城市 PPP 中政府的支出主要有股权支出、运营补贴、风险承担和配套投入等。经测算，PPP 合作期内，财政负有支出责任的金额约占当年固原市地方财政公共预算支出的比例远低于10%，且在 PPP 合作期内处于逐渐下降的趋势，表明固原市海绵城市 PPP 项目对固原市财政支出的影响较小，财政承受能力较强，通过财政支出预算承受能力评估。

3. 美国乔治王子郡海绵城市 PPP 案例

（1）案例概况。乔治王子郡（Prince George's County）位于美国马里兰州，临近 Chesapeake 湾。为了满足美国环保署（Environment Protection Agency，EPA）对马里兰州减少雨水径流污染和切萨皮克湾的单日最大污染负荷容量（Total Maximum Daily Load，TMDL）的要求。项目需要完成8000

英亩（约 32 平方千米），远期 15000 英亩（约 60 平方千米）的不透水面层的海绵化改造，通过采用雨水花园等工程技术，缓解雨水径流污染，满足有关法律的要求，项目总投资约 1.2 亿美元。

（2）总体框架。经过对传统模式和创新模式的成本与进度的综合比选，郡政府决定采用 PPP 模式推进海绵城市建设，如图 7-9 所示。通过本 PPP 项目，政府希望达到如下目标：利用私人资本，转移风险，节约成本，增加就业，提升当地企业的经营实力，促进经济增长，改善水质，改善生态环境，提升生活品质等。经过一年多的谈判，最终郡议会与 Corvias Solutions 公司，一家专门从事环境、能源和基础设施的公司，签订 PPP 项目协议，PPP 合作期为 30 年。

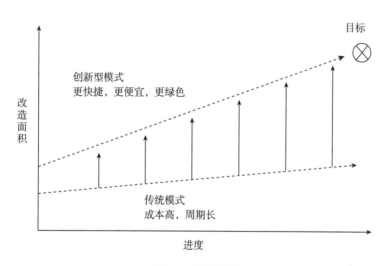

图 7-9　模式比选

（3）实施要点。

1）具体运作方式。乔治王子郡海绵城市 PPP 具体采用 DBFOM（Design-Build-Finance-Operate-Maintain），即设计—建设—融资—运营—维护的运作方式。政府与社会资本共同出资成立项目公司，项目公司全权负责乔治王子郡海绵城市的设计、建设、融资、运营和维护工作，项目公司可将各部分工作分包给专业公司，如图 7-10 所示。相比传统模式，采用 PPP 模式全寿命周期预计将节省 40% 的成本。

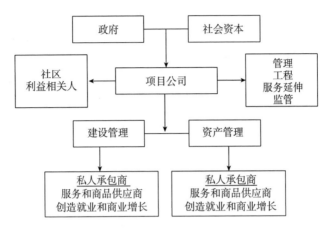

图 7-10　乔治王子郡海绵城市 PPP 项目结构

2）融资结构。乔治王子郡海绵城市 PPP 采用项目融资的方式，即以项目公司为载体，通过面向养老金、保险基金等机构投资人发行免税的债券，获取低成本的资金，并且实现破产隔离、表外融资和账户监管等，如图 7-11 所示。当地居民和商户需缴纳雨污费（Stormwater Fee），作为项目的收入来源。

3）附加条件。为了促进当地就业、推动当地经济发展和提升当地企业的经营实力，PPP 合同明确要求 35% 的工程要委托给当地的小企业、女性和少数族裔的企业实施。项目 80% 的雇员必须是当地人，预计创造 5000 人的初级就业岗位。项目采用分期推进的方式，2017 年前先完成 2000 英亩的改造工程，如果项目绩效考核良好，再授予翻倍的工程量。与此同时，郡政府还通过传统模式实施 2000 英亩的改造工程。双方事实上形成了一种竞争和比较的关系，一方面有助于提高效率降低成本，另一方面也有助于对 PPP 模式的评估。比较的结果直接决定了郡政府是否扩大 PPP 模式的应用范围，同时对其他区域也会产生积极的决策影响。

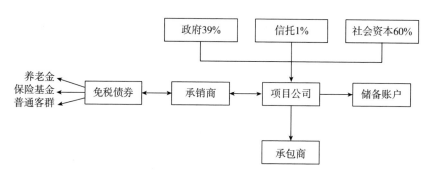

图 7-11 融资结构

资料来源：笔者根据资料自绘。

4. 案例总结

笔者将上述中外三个海绵城市典型案例的模式框架和实施要点总结如下（见表 7-2）：

表 7-2 海绵城市典型案例总结

项目名称	技术经济指标	模式框架	实施要点
济南市海绵城市 PPP 项目	总投资 38.5 亿元，占试点项目总投资的 51.3%，含三个汇水分区	BOT+TOT 模式 合作期 15 年 （含建设期）	流域打包 政企共同出资组建项目公司 收益来源多元化 按效付费 综合评标
固原市海绵城市 PPP 项目	总投资 27.4 亿元，占试点项目总投资的 75.3%	BOT 模式 合作期 15 年 （含建设期）	机制建设 投融资结构设计 协同推进 风险分担 物有所值 财政承受能力
乔治王子郡海绵城市 PPP 案例	1.2 亿美元	DBFOM 模式 合作期 30 年	发行免税债券 公众缴纳雨污费作为收益 向当地企业倾斜

二、海绵城市 PPP 模式的关键要点

通过案例实践和分析，并结合文献调研和对有关专家的访谈，可以看出海绵城市 PPP 模式的关键实施要点有以下方面：

1. 海绵城市 PPP 的一般架构

根据海绵城市的特征，PPP 的一般架构如下：海绵城市 PPP 项目可具体采用 BOT+ROT+TOT 模式，即新建项目采用 BOT "建设—运营—移交"模式，改造项目采用 ROT "改造—运营—移交"模式，存量项目采用 TOT "转让—运营—移交"模式。地方政府指定有关职能部门或事业单位作为实施机构，具体负责 PPP 项目的识别、准备、采购、执行与移交等工作，实施机构通过公开、公平、公正的采购方式选择社会资本，社会资本可由联合体组成，鼓励符合要求且有经验有实力的建设单位采取各种方式参与 PPP 项目，中标的社会资本在当地成立项目公司，政府可委托下属国有公司代表政府出资，但不能控股，即政府出资比例不得超过 50%，实施机构与项目签订 PPP 项目合同，负责 PPP 合作期内海绵城市项目的设计、融资、建设、运营维护，期满后无偿移交给政府，如图 7-12 所示。

2. PPP 实施范围

国家鼓励在海绵城市建设中推广应用 PPP 模式，但 PPP 模式并不是海绵城市的唯一选择。事实上，国外的经验表明，在基础设施和公共服务中，PPP 模式的投资占公共投资的比例仅在 3%~15% （李洁等，2015）。PPP 并非是"灵丹妙药"，有其局限性和严格的适用范围（Ke，2014）。在海绵城市建设中采用 PPP 模式的范围和比例是一个值得重视和研究的问题，各地不应该设置统一的比例和限制，而是应当根据各地海绵城市的实际情况进行选择。一般而言，海绵城市主要包括建筑与小区、道路与广场、绿地与公园、水系以及其他设施（如供水厂、污水处理厂）等。在选择 PPP 模式的范围时，应重点考虑以下方面：①坚持贯彻"以地方和社会投入为主，中央投入为辅"的原则，通过 PPP 模式吸引社会资本广泛参与海绵城市建设；

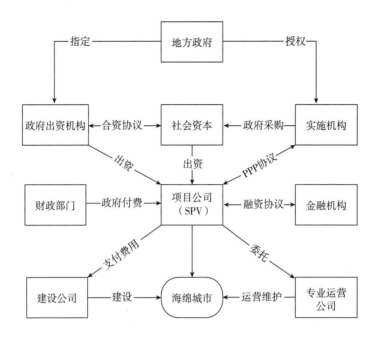

图 7-12 海绵城市 PPP 模式架构

②尽量按汇水区整体采用 PPP 模式，避免碎片化，每个片区尽可能涵盖道路、公园、绿地、河道等不同类型项目，通过流域单元内所有项目的整合发挥整体优势和连片效应；③项目选择上尽可能捆绑经营性项目（如污水处理厂、停车场、配套商业等），增加收益，减少政府财政投入。

3. 运作方式

PPP 是一系列模式的总称，包括 BOT/TOT/BOOT/PFI 等数十种变形模式（王守清等，2008）。财政部文件明确认可的包括 O&M（委托运营）/MC（管理合同）/BOT（建设—运营—移交）/BOO（建设—拥有—运营）/TOT（转让—运营—移交）/ROT（改建—运营—移交）六种具体运作方式。不同的运作方式针对不同的项目，如存量项目比较适合采用 TOT 或 ROT 方式，而增量项目适合 BOT/BOO 方式。海绵城市项目众多且属性复杂，既有存量改造项目，也有新建项目，因此在具体运作方式的设计上可采用组合的方式，即一个海绵城市 PPP 项目包里采用两种或两种以上的运作方式，如 BOT+ROT、BOT+TOT、BOT+O&M 等。

PPP 属于项目融资，即通过在当地成立项目公司（Special Purpose Vehicle, SPV），以项目公司为主体进行融资、建设与运营维护，这样可以实现有限追索和风险隔离（王守清，2003）。政府与社会资本共同出资成立项目公司，是近年来全世界 PPP 应用达成的共识和普遍做法（邱闯，2015）。在海绵城市 PPP 模式中，政府应当授权出资代表在项目公司中代表政府入股，但不控股，且不享受分红，不干涉项目公司的日常运营管理，但享有重大决策的否决权，从而加强监管，维护公共利益。

国际上，PPP 合作期的最优设置一直是个研究热点（Zhang，2011；Carbonara et al.，2014；Ng et al.，2007）。PPP 模式的合作期限并无明确的限制，实际案例中最长的可达到 99 年，目前中国政策规定了 PPP 合作期最长不能超过 30 年，最短不能低于 10 年。在海绵城市 PPP 模式中，考虑到海绵城市回报机制主要是政府付费或可行性缺口补贴模式，对政府财政中长期支出压力较大，风险因素较多，因此 PPP 合作期不宜过长。

4. 回报机制

海绵城市项目基本以非经营性项目为主，即缺乏直接收益，虽然通过捆绑部分经营性项目可以获取一定的长期收益，但收入远不足以涵盖成本，因此仍然需要政府支付大量的费用。政府的付费可以依据项目设施的可用性、产品或服务的使用量以及质量，分为可用性付费和运营维护绩效付费两部分。可用性付费是指政府依据项目公司所提供的项目设施是否符合合同约定的标准和要求来支付费用；运营维护绩效付费是指政府依据运营期间项目公司所提供的运营维护质量支付费用。

为了鼓励创新、提升服务和降低成本，在海绵城市 PPP 模式中，政府应当采用按效付费的模式向项目公司支付费用。以项目产出说明为基础构建绩效考核指标体系，将绩效考核与费用支付挂钩，根据考核结果进行奖励或惩罚。

5. 推进机制

海绵城市建设主要集中于人口密集、产业集中、空间局促的城市市区，无论是项目的新建还是改造，都不可避免地会对居民的日常生活带来一定的影响，尤其是旧有小区和市政道路的改造，公众反对成为最主要的风险，严重影响了海绵城市的顺利推进。此外，海绵城市的部分工作与其他工程存在较高的重叠，如雨污处理与地下综合管廊建设，如果单独建设，很容易造成重复建设和资源的浪费。而且海绵城市建设投资大，需要通过集成开发有效形成规模效益和降低成本。

因此，在海绵城市 PPP 模式中，社会资本应当充分发挥其技术优势和专业经验，以市场机制为基础，形成纵向和横向协同发展、系统建设的推进机制。也就是说，纵向上，打造海绵城市产业链，积极研究和推广新材料、新技术、新工艺等，通过海绵城市建设带动相关产业的跃升；横向上，要积极推动海绵城市与棚户区改造、地下综合管廊建设、城市更新、智慧城市等有机融合，统一规划、建设、管理，实现集成效益。

6. 潜在社会资本

海绵城市建设投资大、风险高、专业性强，采用 PPP 模式，潜在的适合的社会资本较少，因此社会资本的资格和选择方式极为重要。一般而言，PPP 项目中，社会资本的资格是个综合条件体系，但最重要的两个指标就是融资能力和经验业绩。社会资本的融资能力决定了能否为 PPP 项目获取低成本、多元化、周期契合的资金，从而有效降低项目成本，保障 PPP 项目的成功实施。社会资本在海绵城市融资、建设和运营维护方面的业绩和经验，直接决定了社会资本是否有能力完成全寿命周期内海绵城市的建设与运营。为了形成集合优势，提升竞争性，海绵城市 PPP 项目可以鼓励联合体投标，让不同专业的社会资本充分利用各自在生产、技术和（或）资金等方面的优势互补开展合作。

通过公开、公平、公正的竞争方式选择社会资本，有助于降低成本、提升效率、维护公共利益、实现物有所值（谭敬慧，2015）。中国现有的采购方式主要包括公开招标、邀请招标、竞争性谈判、竞争性磋商和单一来源采购。海绵城市 PPP 项目实施机构应根据项目的边界条件状况、技术工艺特点、进度要求等，结合不同采购方式的特点，选择适当的采购方式。

三、总体评价

海绵城市是针对城市发展过程中水生态破坏、水环境污染、水资源短缺和城市内涝严重等问题提出的针对性解决方案和发展理念。海绵城市具有投资大、项目多、风险高、专业性强、涉及面广等特点，通过 PPP 模式引入实力雄厚的社会资本，有助于弥补政府财政投入不足、加快推进海绵城市建设、合理分担风险、提高效率和质量、促进政府职能转变。通过引入简化的 EIU 国家 PPP 适宜性评价体系对海绵城市采用 PPP 模式的环境和能力进行定性评估，通过法律法规体系、制度框架、运营成熟度、投资环境、融资机制和行业调节六大因素的分析，表明海绵城市适宜采用 PPP 模式，进而设计了海绵城市 PPP 模式的一般实施框架。通过对两个国家试点海绵城市的 PPP 案例分析，识别了海绵城市 PPP 模式的关键实施要点，包括 PPP 实施范围、运作方式、回报机制、推进机制和潜在社会资本等，并提出了针对性的应对措施。上述研究成果对进一步推广海绵城市 PPP 模式具有较强的参考借鉴作用。

海绵城市是国家重点推广的城市基础设施建设领域，结合国家鼓励和推广 PPP 模式的契机，构建创新型投融资模式是支撑海绵城市可持续发展的关键因素。在实践的基础上，通过持续的经验总结，打造可复制、可推广的海绵城市 PPP 模式是一个时期内海绵城市建设和研究的重要方向。本书基于现有的案例和理论基础，形成了初步成果，但还有更多的精细化的内容需要深入研究，如海绵城市 PPP 的风险识别与合理分担机制、海绵城市 PPP 多元主体参与的多层次监管机制、海绵城市 PPP 模式实施效果评估等。

第八章 新型城镇化背景下的 PPP 模式优化

新型城镇化是现代化的必由之路，是最大的内需潜力所在，是经济发展的重要动力。尤其是在经济下行压力加大，内需动力不足，进出口持续疲软，经济产业结构亟须转型升级，供给侧结构性改革不断推进，经济新常态成为时代主题的宏观经济环境下，新型城镇化被赋予了更多的责任。可以预见，新型城镇化将是今后一个较长时期内中国的基本国情特征和发展战略（姚士谋等，2014）。中国 PPP 模式应用要充分立足这一发展态势和战略诉求，充分认识新型城镇化带来的新形势、新要求、新挑战和新机遇，积极适应新常态，因地制宜，在理论指导、应用领域、运作方式等方面大胆创新，发挥更大的作用。

第一节 新型城镇化背景下 PPP 发展的优化路径研判

一、新型城镇化对 PPP 模式应用的新要求

PPP 起源于国外，尤其是在英国等发达国家获得了较多的关注和应用，现有成熟的模式、做法、经验、最佳实践等都是在发达国家形成的（Zhang et al.，2015）。中国目前的 PPP 模式和方法都是以借鉴国外经验为主，但由于发达国家的城镇化、社会经济以及基础设施等发展阶段和诉求都与中国有差异，完全照搬照抄国外做法显然难以契合我国国情和现实需求，也是导致 PPP 项目落地难的重要原因之一。因此，要在充分厘清中国国情和发展阶段特征的基础上，有针对性地进行 PPP 模式优化和创新，才能更有效地发挥 PPP 模式的作用。

2013 年以来，国家先后召开了中央城镇化工作会议和中央城市工作会议，制订《国家新型城镇化规划（2014—2020 年）》，颁布了《国务院关于深入推进新型城镇化建设的若干意见》等重要指导文件。中央明确要求新型城镇化要找准着力点，有序推进农村转移人口市民化，加快城镇棚户区、城中村和危房改造，加快城市综合交通网络建设，实施城市地下管网改造工程，推进海绵城市建设，推动基础设施和公共服务向农村延伸，加强中西部地区重大基础设施建设和引导产业转移，建立多元可持续的资金保障机制，鼓励社会资本参与城市公用设施投资运营，深化政府和社会资本合作。

这些政策要求也为中国情境下的 PPP 发展提供了发展机遇和创新空间。表明在新型城镇化背景下，PPP 模式在加快基础设施和公用设施建设、推动城乡一体化、促进农村转移人口市民化等方面具有重要的现实价值。但是，如何契合中国的发展阶段特征，迎合城镇化发展需求，切实发挥 PPP 独特的优势，是摆在中国 PPP 模式创新面前的一个挑战和难题。

二、新型城镇化背景下 PPP 模式优化的方向

在学习借鉴国外 PPP 经验与做法的基础上，充分立足新时期中国国情、阶段特征和发展需求，坚持创新驱动发展，本书认为 PPP 模式优化的可行方向包括以下几点：

1. PPP 指导理论优化

之前的 PPP 指导理论，无论是国外的还是国内的，大都基于政治、财

政、经济、金融、法律、工程、项目管理、公共管理等专业视角（伍迪和王守清，2014），缺乏地理学的视角和理论支撑。事实上，PPP 模式应用与地理学密切相关，尤其是演化经济地理学、空间生产理论等都对 PPP 的发展机理具有较强的解释和指导作用。比如，用演化经济地理学审视新型城镇化背景下的 PPP 发展可以发现，一方面，PPP 应用深度嵌入城镇化进程，具有根植性和动态性，特定区域发展起来的 PPP 模式形成了路径依赖和锁定效益；另一方面，PPP 的发展过程也是一个区域知识外溢和扩散的过程。

2. 应用领域优化

中国之前的 PPP 应用主要集中于道路、水务、垃圾处理、能源等有限的领域。以人为本的新型城镇化的发展更强调基础设施和公共服务的均等化、一体化、足量化。围绕转移人口的市民化和城乡一体化，产生了大量的基础设施新需求。"一带一路"的实施提供了大量海外 PPP 项目。这些新时期的新需求为 PPP 发展提供了更广阔的应用领域，如海绵城市、综合管廊、棚户区改造、旅游、医疗卫生、教育、环保以及园区整体开发等（Ke et al.，2014）。

3. 应用方式优化

以前的 PPP 应用主要着眼于单个的项目，结构相对简单。随着新城新区开发体制改革的不断深化，开发主体呈现多元化趋势，越来越多的企业参与新区开发，新区层面的整体开发 PPP 项目开始涌现，如华夏幸福基业的固安新城 PPP 项目。此类大尺度的项目集形式的 PPP，项目组成复杂，开发投入较大，开发周期较长，开发风险较大。新城新区开发将经营性、非经营性、准经营性项目"捆绑打包"，尤其是土地开发、基础设施建设、物业开发等有机融合，作为一个整体授权给城市运营商进行合作开发，有效降低了成本，分散了风险，提高了项目的收益稳定性，尤其是避免了非经营性项目由于缺乏效益而吸引力不足的困境。因此，在这一领域采取 PPP 模式是可行且合理的，城镇化进程中的新城新区整体开发 PPP 模式将是 PPP 应用的热点领域（程哲等，2015）。

此外，如何加强 PPP 与城市规划的结合，也是值得研究的一个方向。

第二节　基于空间生产理论的
资本城镇化与 PPP 优化

一、空间生产理论与资本城镇化

资本是如何参与和影响城镇化的？尤其是社会资本是如何通过 PPP 的模式借助基础设施影响城镇化进程的？本书试图借助空间生产理论对此问题进行理论阐述和分析。

空间生产理论是新马克思主义对城市发展的重要解释理论。空间生产指的是资本、权力和阶级等政治经济要素和力量对城市的重新塑造，从而使城市空间成为其介质和产物的过程（叶超等，2011；刘珊等，2013）。空间生产理论在空间作为物质存在（"场域"）的基础上，更加注重挖掘空间的社会属性，将空间看作资本生产的过程和产物（杨宇振，2009）。列斐伏尔（Lefebvre）是最早提出空间生产这一概念的人，后来卡斯特尔斯（Castells）、福柯（Foucault）、索贾（Soja）等又将其发扬光大，但这一领域真正集大成者是大卫·哈维（David Harvey）（王丰龙和刘云刚，2011）。哈维提出了经典的资本循环（Circuit of Capital）解释理论，即资本在生产领域的第一循环，在建成环境的第二循环以及在社会公共事业的第三循环。资本通过进入空间进行所谓的"时空修复"（Temporal-Spatial Fix）来推迟流通时间，从而避免过度积累（Over Accumulation），并且重塑城市空间（Harvey，1978，2001）。资本与空间的结合促使资本逻辑深刻影响空间发展，导致"不动产的动产化"，使土地、建筑、基础设施等不动产的商品属性凸显（庄友刚，2010）。

中国学者在对空间生产理论进行系统介绍的基础上（殷洁和罗小龙，

2012；庄友刚，2011；王丰龙和刘云刚，2013），结合中国的空间生产实践进行了较深入、多方位、跨学科的研究。中国的城镇化进程中，资本与城镇化相结合，资本由"空间中的生产"向"空间生产"转移，通过非市民化对待转移人口获取廉价劳动力和通过行政垄断开发获取土地价差，形成了土地财政支撑的"资本城镇化"（武廷海，2013；武廷海等，2012）。在此过程中，新区不仅扮演了城镇化的空间载体角色，还是资本积累循环进行空间修复的工具（陈嘉平，2013）。此外，许多学者还将空间生产的理论应用到案例分析中（黄斌等，2012；江泓和张四维，2009；张京祥和邓化媛，2009；姜文锦等，2011；张京祥和陈浩，2012；张京祥等，2011）。

　　空间生产理论具有自洽的逻辑体系和理论框架，具有极强的阐释和分析能力，尤其是结合中国的城市发展实践，给出了具有说服力的理论解释和演化分析。但是，中国处于社会经济和空间多重转型过程中，市场化与行政主导的张力，城镇化、工业化、农业现代化、信息化的耦合驱动，政府、企业、公众等多主体利益的冲突和叠合，都对规划及规划师提出了更高的要求。规划的本质是协调（张庭伟，2014），规划不仅要解释城市发展，还应提出可操作的发展指导策略。本书借助空间生产的基础理论和概念体系，锚定空间的价值属性和资本逻辑，结合学科交叉，嫁接空间生产理论、公共经济学和投融资理论，提出有针对性的发展指导策略。

二、空间生产理论指导下的 PPP 与城市空间重构

　　本书利用空间生产理论来观察、解释和指导城市新区的开发与空间重构，从空间的使用价值、交换价值和资本循环三个方面入手来构建解释框架，与之对应形成的三个规划发展指导策略就是溢价回收（Value Capture，VC）、基础设施先行和政府与社会资本合作（PPP），如图 8-1 所示。

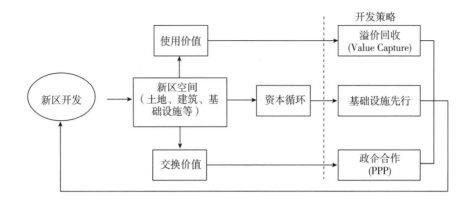

图8-1 城市新区空间生产理论框架及开发策略

1. 空间使用价值与溢价回收（VC）

市场经济将空间及其载体如土地、建筑、基础设施等作为商品看待，而使用价值就是其基本属性，空间使用价值就是为广大人民提供生产生活需要的场所。空间与资本、权力相结合，在资本和权力的运作下，通过对空间使用价值的充分利用促使空间价值增值。这一生产过程映射在城市新区就是地方政府进行土地开发、基础设施建设及物业开发等，发挥土地及基础设施的溢出效应，促使特定区域的空间增值，如土地升值、房价升值、人居环境提升等，这些最终都表现为可度量的效益。开发商和用户作为主要受益者往往占有增量效益，而作为主要投资人和开发者的政府却很少或没有从中直接受益，这影响了空间开发的可持续性，尤其是资金支撑。针对此难题，目前应用最多、影响最大的就是溢价回收机制（VC）（Rybeck，2004）。

溢价回收指的是对基础设施投资开发导致的土地增值进行识别和回收的机制（Mathur and Smith，2012）。溢价回收的本质是公共物品的外部性内部化，由于空间开发尤其是基础设施建设对周边土地有巨大的价值提升作用，地方政府通过征收税费的方式对直接受益群体回收部分溢出价值，并将这些回收价值（货币形式）用于补偿投资资金，或者采用土地开发权转移的方式对地域开发进行合理调节优化配置，如图8-2所示。溢价回收的额度并非取决于开发成本，而是与增值额度相关，因此受益的范围及额度的界定以及价值捕获的具体模式设计是关键（马祖琦，2011）。溢价回收机制与城市规划有密切关联，在交通建设领域应用比较广泛（Iacono et al.，2009；Vadali，2012；郑思齐等，2014），溢价回收与公交导向发展（Transit-oriented Development，TOD）一起构成了城市新区开发的重要模式，能有效缓解新区开发资金紧张，拓展资金来源（见图8-2）。溢价回收在国外实践中形成了多种具体运作模式，主要有税收增额融资（Tax Increment Financing，TIF）、特别收益评估（Special Assessment Districts，SADs）、土地增值税（Land Value Tax）、开发影响费（Development Impact Fees，DIFs）、交通事业费（Transportation Utility Fee，TUF）、协商征收（Negotiated Exactions）、联合开发（Joint Development）、空间开发权（Air Rights）等，对中国的新区开发有重要参考借鉴作用。

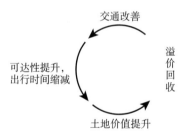

图 8-2　溢价回收反馈回路

资料来源：Adeel Lari, David Levinson, Zhirong Zhao, Michael Iacono. Harnessing Value for Transportation Investment：A Summary of the Study：Value Capture for Transportation Finance, 2009. University of Minnesota. Report No. CTS 09 - 18PS. 2009. https：//www. cts. umn. edu/publications/report/harnessing - value-for-transportation-investment-a-summary-of-the-study-value-capture-for-transportation-finance.

2. 空间交换价值与 PPP

有学者认为，在社会主义，空间的使用价值优先于交换价值（武廷海，2013）。但是，在社会主义市场经济中，由于资源的配置和效率，生产者和消费者对空间的需求目标并不是一致的。空间生产者，即地方政府和开发商，进行空间生产是为了获取交换价值（以货币为表现形式）；而消费者，即广大的居民，则是为了获取空间的使用价值。如果过于注重空间的使用价值而忽视交换价值，那么空间生产主体缺乏动力去进行空间生产，空间的使用价值也必然难以满足居民的需求，中华人民共和国成立后到改革开放之前中国的实践经验深刻证明了这点。因此，空间生产的根本目的是生产足够的空间使用价值满足广大人民生产生活的空间需求，但在空间生产的循环过程中应充分利用空间的交换价值属性驱动空间生产主体进行空间生产，也就是说，做到空间生产与资本逻辑的有机统一。

在改革开放以来中国的城镇化进程中，空间的交换价值得到了重视和放大，"不动产的动产化"正是其深刻体现和必然结果，"不动产的动产化"进一步衍生就是空间的资本化、金融化。由于城镇化尤其是新区开发需要巨额的资金支撑，仅依靠政府的财政投入显然是远远不够的。在中国以前的新区开发实践中，支撑空间生产的就是"不动产的动产化"带来的土地财政，通过土地招拍挂产生的巨额收益来支撑新区开发。这是一把"双刃剑"，用之不当就会导致地方政府债务危机和房地产陷阱；如果转变观念、改革体制机制、加强管制、增加透明和做好风险防范等，采取 PPP 模式，引入社会资本，政府和企业合作开发新区，则能创新新区开发模式，实现可持续发展。

PPP 是近些年国际流行的投融资模式，指政府通过特许经营的方式与企业建立长期合作关系，提供公共产品与服务，风险分担，利益共享（王守清和柯永建，2008）。PPP 模式既通过多元化市场化融资缓解了政府资金压力，又有效提高了效率和服务，此外，还能促进政府转变职能，加强监管，切实维护公共利益，避免政府的企业化倾向（买静和张京祥，2013），因而在新区开发中有着广阔的应用空间，其模式结构如图 8-3 所示。新区开发的空间构成中，除了土地外，还有大量的住宅、经营性物业（商业、办公、工业地产等）及营利性基础设施等，这些空间生产具有长期稳定的收益，充分挖掘空间资本化属性，充分发挥资本杠杆作用，通过资本市场有效的融资工具折现为期初的开发资金来源。

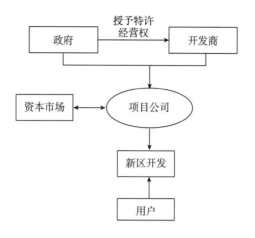

图 8-3　新区开发的 PPP 模式结构

3. 资本循环理论与基础设施先行

哈维的资本循环理论很好地阐释了资本与空间结合通过空间生产的方式解决资本主义过度积累的过程。用资本循环理论来审视和指导中国城市新区的开发，可以发现当下中国资本已经从第一循环转移到了第二循环，且处于向第三循环转移的进程中，即资本已经从生产制造领域转移到土地和房地产等建成环境领域，而且处于向社会公共事业转移的过程中。资本在空间领域的过度积累导致了"空城""鬼城"现象，与此同时，很多地区尤其是城市新区的基础设施与公用事业建设力度和规模严重滞后于土地和地产的发展，影响了新型城镇化的进程。因此，必须积极引导资本投入第三循环，即投入科教研发、教育、卫生等基础设施和公共服务领域。这在城市新区开发中就是基础设施先行策略。

城市基础设施能有效吸收剩余资本和劳动力，促进资本积累在空间的持续运行和在时间中的持续活力（Harvey，2001）。通过基础设施和公共服务的建设，也能产生溢出效应，提升土地及物业的价值，从而为上述溢价回收机制奠定基础。此外，最重要的是，基础设施和公共服务的建设完善也是以人为本的新型城镇化背景下公共服务均等化的前提和基础。

但是，资本有其自身的逻辑和规律，缺乏效益的吸引而代之以行政强制，只会适得其反，因此只能通过具体的制度设计提高效益可行性吸引资本进入基础设施和公共服务领域。对此，一个可行的对策就是前述的 PPP 模式，地方政府与企业通过合作开发的方式，将基础设施和公共服务与土地、地产等盈利项目捆绑打包整体开发，提高整体收益，以市场手段吸引资本进入基础设施和公共服务领域，即资本的第三循环，从而既能分散资本的过度累积风险，又可以帮助实现城乡基础设施和公共服务一体化。

空间生产理论是一个完整自治的理论体系，本书所形成的理论框架和规划开发策略是一个相互支撑融合使用的指导框架，不应独立和分割使用。作为空间生产的城市新区开发投资大、周期长、项目多，仅依靠政府在资金、资源、人才和效率上难以保障实现，因此要充分认识到资本对空间的重要性，认识到空间生产和资本逻辑耦合的重要性。通过 PPP 模式推动政企合作进行新区开发，通过效益提升促进资本流向基础设施和公共服务领域，充分发挥基础设施的溢出效应，在基础设施带动土地和物业价值提升的基础上，通过溢价回收机制获取部分增值价值，从而为新区的滚动开发和可持续发展提供资金保障。

新型城镇化背景下，中国城市新区的空间生产要避免以往过度商品化和功利化造成的供需失衡和公平缺失，要以人为本，以人口转移和产业转移为依托，以地方政府、开发商和居民为主体，以综合效益最优为导向，在利益均衡的前提下，充分发挥城乡规划的空间调控引导和资源优化配置作用，通过建成环境和基础设施及公共服务的开发即资本的第二、第三循环，实现资本增值、空间开发和新型城镇化的耦合发展，形成良性循环机制。

第三节 PPP 物有所值评价的优化

PPP 一经问世就备受争议，PPP 的一些固有问题，如项目周期过长、交易成本偏高和专业性障碍等，导致 PPP 模式和传统模式之间的选择决策一直是争论的焦点（Hoppe et al.，2013）。为了更科学地对 PPP 模式的可行性和正当性做出定性与定量的评价，在 PPP 发展过程引入了物有所值评价（Value for Money Assessment，VfM Assessment）体系。

按照 EPEC（European PPP Expertise Centre）的定义，物有所值评价指的是政府依据确定的方法对传统模式和 PPP 模式进行的结构性比选（European PPP Expertise Centre，2015）。英国则定义物有所值是在满足使用者需求前提下，公共产品和服务全寿命周期成本与质量的最优组合（HM Treasury，2004）。总之，物有所值评价是判断采用 PPP 模式代替政府传统方式是否合适的一种决策评价方法，旨在实现公共资源配置利用效率最优化（李佳嵘和王守清，2011）。物有所值评价起源于英国，在英国、澳大利亚、德国、法国等国家都得到了应用。OECD 调查了世界上 20 个采用 PPP 模式的国家和地区，其中 19 个国家和地区有 VfM Assessment 体系（Çelik et al.，2017）。综观国际上 PPP 的最佳实践，物有所值评价是 PPP 项目科学决策体系的重要内容。

中国官方 2015 年底才正式在 PPP 实施流程中引入物有所值评价，并制定了专门的指引文件（财金〔2015〕167 号文）。经过两年多的实践，社会对物有所值的理念和方法逐步接受，物有所值评价在 PPP 项目中得到了广泛应用，物有所值评价、财政承受能力论证以及实施方案一起成为 PPP 项目前期识别和论证的主要工具和形式。同时也要看到，作为一个新事物，物有所值评价暴露了很多问题，产生了很多争议。中国的实践表明，物有所值评价面临理论期望与实务现状的重大差异，应着力于该理论的体系完善和中国化改造。因此，一方面我们要清醒地认识到，VfM 和 PPP 都是"舶来品"，必须根据中国国情加以调整和完善，结合发展环境和现实需求加以改进；另一方面，虽然存在很多问题，但因噎废食也是不可取的，发展的问题只能在发展中解决，物有所值评价在方向上符合 PPP 发展趋势，暴露的问题完全可以改进和完善。特别是 PPP 要服务于党的十九大提出的新时代以人民为中心的发展目标，服务于联合国提出的全球可持续发展目标，更加需要加强从 VfM 到 VfP（Value for People）的理论研究和政策研究。

一、物有所值（VfM）评价的国际经验及国内研究进展

1. 物有所值（VfM）评价概述

就像 PPP 一样，在全世界范围内物有所值评价并没有统一的定义、方法和体系（Boardman and Hellowell，2017）。国外对 PPP 物有所值有一个较为流行的定义，即物有所值主要包括"3E"：即经济性（Economy）、效率性（Efficiency）和效果性（Effectiveness）（McKevitt and Davis，2016）。经济性是指 PPP 的资金和人员等各种投入是否节约成本，如采用 PPP 是否比完全采用政府投资建设有更低的成本；效率性是指 PPP 的各种投入后是否生产出预期的基础设施，如道路、管网、桥梁的竣工等；效果性是指这些基础设施是否能够实现预期的效果，如道路的修建是否减少了拥堵，管网的建设是否更加有利于海绵城市的实现，等等。物有所值评价是一个体系，由一系列评估方法和工具组成，既包括定性分析，也包括定量分析。各国的物有所值评价体系各有特色，但就大多数国家而言，定量评价的基本思路就是 PPP 模式下的全寿命周期政府支出净现值（LCC_{ppp}）与传统采购模式下的全寿命周期政府支出净现值（$LCC_{传统}$）的比较，可以用数值或比率来衡量（Grout，2005）。例如，美国联邦公路局（Federal Highway Administration，FHWA）提供的物有所值评价就是一个包含四个阶段和四个评价工具的组合，即范围和定义、定性分析、定量分析、VfM 比较四个阶段，以及定量分析中的风险评估、PSC、影子报价（Shadow Bid）、财务评估四个工具，如图 8-4 所示。

物有所值定量评价是一个对比评价，需要一个基准成本，即传统模式下的政府支出成本，可用 PSC（Public Sector Comparator）来计算。但也有一些国家，如新加坡，没有 PSC，而是通过投标人的竞争实现 VfM（李佳嵘，2011）。一般情况下，PSC 由初始 PSC（Raw PSC）、竞争性中立调整

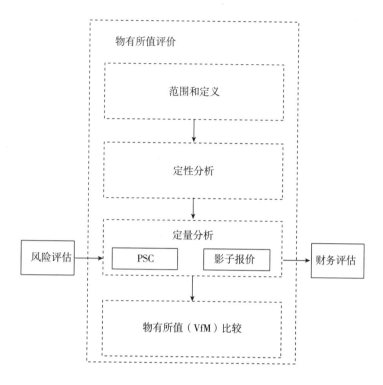

图 8-4　美国联邦公路局物有所值评价体系

资料来源：笔者根据资料自绘。

（Competitive Neutrality）、转移风险（Transferable Risk）和自留风险（Retained Risk）四个部分组成。有的国家和地区则不同，如加拿大安大略省的 PSC 由基本成本、融资成本、附属成本和保留风险组成。PSC 的前提假设包括：项目由政府部门融资、拥有和运营，政府能够使用最有效率的管理和运营手段，项目全生命周期的现金流可以准确预测，项目全生命周期的风险可以准确预测，折现率能准确反映政府在该项目的资金使用成本。由于一些国家的物有所值评价贯穿全过程，各个阶段的 PPP 值会不一样，以采购阶段为例，主要包括合同价和自留风险。VfM 就等于 PSC 值和 PPP 值的比较，如图 8-5 所示。

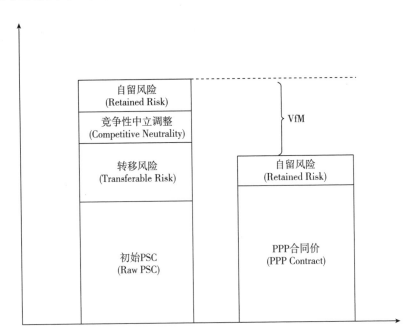

图 8-5　物有所值评价模型

物有所值评价中，风险的识别、评估、分担和量化是关键的要点（Al-marri et al.，2017）。不管哪种实施模式，传统模式或 PPP 模式，都有不同的风险分配和相应的成本。风险识别有很多方法，如风险清单、基于先前项目经验等。同样，风险量化的方法也很多，如概率法、情景模拟等（Ball et al.，2003）。

2. 物有所值（VfM）评价的国际比较

在很多国家，物有所值评价都是政府部门实施 PPP 项目前期决策的重要工具，但不是唯一的工具（Boardman and Hellowell，2017）。物有所值评价可以在项目管理的不同层面使用，如战略、项目组合、项目集和项目等（Opara，2017）。在不同的国家，物有所值评价定位也略有不同，如在英国、法国和澳大利亚，VfM 是 PPP 前期论证的主要程序之一；但在比利时和荷兰，它们是独立的程序。在物有所值评价的使用要求上也是不同的，有些国家是强制性的（如法国），也有一些国家是自愿的（如荷兰）。在英国，物有所值评价是必经的关口，通不过就不能采用 PPP 模式；而比利时就没这么严格。一般而言，物有所值评价是定性与定量的结合，但一些国家如法国、德国、荷兰，主要是财务和经济的比较。

不同国家对物有所值评价关注的焦点也是不同的，有些国家主要关注时间和成本更加确定带来的利益，换句话说，PPP 模式相对传统模式带来的一些成本提升能被其他收益抵消，从而使全寿命周期的成本更低（Burger and Hawkesworth，2011）。还有一些国家更关注项目建设和运营中效率的提升，包括风险的更有效管理。也有些国家是综合考虑上述因素的，如英国、法国、德国；而比利时、荷兰更关注效率的提升。不过这些差异不是绝对的，只是程度和重点上有所侧重。

物有所值评价可以在 PPP 准备和实施的不同阶段开展，但开展的时机和频率在不同国家是不同的，大多数国家在采购准备阶段开展。在法国，把 VfM 放在项目准备和采购阶段；在英国和德国，则要求贯穿全过程。在识别阶段，如法国、德国、荷兰等国家，建立了定性的快速物有所值评估，对 PPP 模式可行性进行分析。在准备阶段，主要对假设的传统模式成本和 PPP 模式成本进行比较，定性与定量结合，结果一般作为决策依据。在采购阶段，物有所值评价可以用来评估和比较不同投标人的报价，以及与传统模式的比较。在实施阶段，为了检查预期的 PPP 优势是否实现，经常开展各种事后评估（Ex-post Assessments）来评估项目实际的 VfM（Almarri and Boussabaine，2017）。这种事后评估大多采用前后比较的形式，典型的就是绩效评价与审计，主要目的就是反馈和总结经验。

VfM 由于复杂性和局限性，也一直存在争议，尤其是定量评价方法中数据、参数和技术很难有普遍接受的合理合适的标准，因此一些评论认为物有所值评价与其说是科学不如说是艺术（More An Art than A Science）（European PPP Expertise Centre，2015）。国际上，物有所值评价一直在不停完善，就发展趋势而言，物有所值评价倾向采用更广泛的定性评价，而不是相对狭隘的定量评价。总之，物有所值评价不是一个单独的理论应用，而是 PPP 项目发展过程中一个紧密集成的部分（Ariste and Di Matteo，2017）。

3. 国内物有所值（VfM）评价研究进展

由于中国官方 2015 年底才正式引入物有所值评价体系，这种实践的滞后对学术研究也产生了一定的影响。以中国知网的关键词检索结果为例，可以看出：第一，论文发表年度方面，物有所值评价主题的论文在 2015 年之前相对较少，在 2015 年之后呈现井喷的态势，如图 8-6 所示。第二，从论文作者和机构分布来看，从事物有所值研究的主要还是集中于传统的 PPP 研究单位和研究人员，如清华大学的王守清教授和西安建筑科技大学的胡振教授。但近年来，研究的机构和人员参与度和离散度较高，说明随着 PPP 发展的升温，各机构研究人员的热情和兴趣也在高涨。第三，从物有所值论文所属学科来看，宏观经济管理与可持续发展占据绝对优势，所属论文占全部论文的 76.97%，这表明当前的物有所值研究论文主要还是基于宏观层面的论述，针对具体行业应用和技术层面的探讨相对较少。

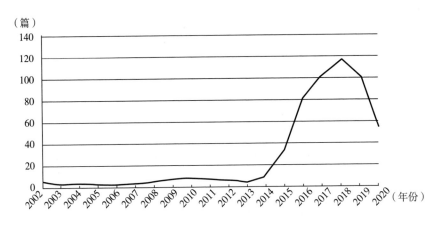

图 8-6　物有所值论文年度发文数量

资料来源：笔者根据资料自绘。

在 2015 年之前的物有所值研究中，主要侧重于国外模式和经验的介绍以及对中国采用物有所值模式的探讨和意义，如申玉玉和杜静（2008）、孙慧第（2009）、高会芹等（2011）、袁竞峰（2012）等都对英国等主要国家的物有所值评价体系做了详细的介绍。李佳嵘（2011）的硕士论文在国内最早对物有所值评价体系进行了系统深入的研究，并通过轨道交通 PPP 案例探讨了国内 PPP 项目开展物有所值评价可行性和操作路径。2015 年之后，由于初步建立了中国的物有所值评价体系，研究热点转向实证研究和技术论证，包括具体领域的物有所值评价应用，如城市轨道交通领域（杜静和吴洪樾，2016）、养老领域（楚阳，2016）、地下综合管廊（刘慧慧等，2016）、高速公路（刘璇璇和任冶，2015）、产业新城（谢瀚鹏和许家伟，2016）等；风险量化和主要参数取值研究（温俊霞，2016；王罕和彭大敏，2016）；以及目前物有所值评价体系的主要问题及物有所值评价中的改进措施（尹贻林等，2016）等。

可以看出，中国的物有所值学术研究虽然呈现了蓬勃发展的态势，也对物有所值评价的中国化、系统化和实践优化提供了理论指引和实践基础。但总体而言，物有所值的研究仍然滞后于实践发展和现实需求。在 PPP 引导政策密集出台、PPP 规范化加快推进、PPP 项目数量日趋收敛等发展趋势显著的当前及未来一个时期，PPP 项目的前期论证和科学识别将是决定 PPP 项目成败的关键阶段，物有所值的价值和作用尤为突出。可以预见，物有所值评价的研究需要重点关注以下领域：一是基于国际模式比较，结合中国国情和发展需求的优化，尤其是探索中国模式的构建；二是物有所值评价体系中关键要素的多学科研究，如风险的量化、折现率的选取、非货币化收益的考量等；三是可持续发展导向的嵌入、量化和评估；四是全过程物有所值评价体系的论证和设计。

二、中国物有所值评价的现状分析与问题识别

2014 年 PPP 新政之前，中国的 PPP 发展进程中并没有引入物有所值评价体系，其原因在于，过去中国存在庞大的基础设施和公共服务的历史欠账和需求缺口，快速大量的建设基础设施项目是当务之急。换句话说，效率比规范更重要。因此，当时 PPP 的操作流程较短、文件较少、成本较低、推进较快。这种快速、简易但不失严格的 PPP 实施流程符合当时国情，具

有较强的历史正当性。2014 年之后，一方面，经过几十年的发展，中国基础设施在数量上的需求得到基本满足，开始从数量向质量转换；另一方面，由于社会经济的进步和新公共管理等诸多新思潮影响，政府治理强调公开透明和公众参与，对 PPP 认识不断深化，更加强调前期论证的规范和科学，在 PPP 流程中引入物有所值评价势在必行。

国内目前通用的物有所值评价是财政部于 2015 年 12 月 18 日发布的《关于印发〈PPP 物有所值评价指引（试行）〉的通知》（财金〔2015〕167 号）。此后，财政部虽然于 2016 年 10 月发布了《政府和社会资本合作物有所值评价指引（修订版征求意见稿）》向社会征求意见，但并未正式发布。目前我国使用的 PPP 物有所值评价包括定性评价和定量评价。文件规定以定性评价为主，鼓励开展定量评价，但目前的 PPP 项目实践基本同时开展定性评价和定量评价。定性评价重点关注项目采用 PPP 模式与采用政府传统采购模式相比能否增加公共供给、优化风险分配、提高效率、促进创新和公平竞争、有效落实政府采购政策等，评价指标包括六项基本指标和六项补充指标，定性评价以专家打分为主。定量评价是在假定采用 PPP 模式与政府传统投资方式产出绩效相同的前提下，通过对 PPP 项目全生命周期内政府方净成本的现值（PPP 值）与公共部门比较值（PSC 值）进行比较，判断 PPP 模式能否降低项目全生命周期成本。文件要求应在项目识别或准备阶段开展物有所值评价，只有通过物有所值评价，方可进入下一步工作，即进行财政承受能力论证。

我国物有所值的定量评价接近于英国做法，在假定采用 PPP 模式与政府传统投资方式产出绩效相同的前提下，通过对 PPP 项目全生命周期内政府方净成本的现值（PPP 值）与公共部门比较值（PSC 值）进行比较，判断 PPP 模式能否降低项目全生命周期成本。PPP 值与 PSC 值两者之差即为 VfM 的量化表现形式，当 VfM 大于 0 时，说明 PPP 模式比传统采购模式更有效率，即应该采用 PPP 模式；而当 VfM 小于 0 时，说明 PPP 模式与传统模式相比没有提高效率，不适宜采用 PPP 模式。

中国的这套物有所值评价体系相对于过去的 PPP 实践，是一个巨大的进步，对于规范 PPP 的科学论证和有序实施具有重要意义。但由于应用时间较短，在实践中也存在一些不足，具体而言主要有以下方面：

（1）数据不够完备。物有所值评价中的公共部门比较值（PSC）涉及的模拟项目的建设运营成本和风险承担成本都需要大量的建设项目历史数据为依托，但由于国内以往在建设项目相关数据采集和积累方面不足，一直未能建立官方的建设项目数据库，参考项目的选取和数据借鉴短板极为突出，影响了物有所值评价尤其是公共部门比较值测算的合理性和精准性。

（2）操作流于形式。物有所值评价本义是一个评估工具，但在中国目前实践中，由于受诸多因素的影响，有沦为形式的倾向。一方面，对物有所值评价的地位和作用的认知度不够，许多地方政府和咨询机构等，未能真正把握物有所值评价的决策价值，存在形式化、走过场的现象。另一方面，评价过程较为粗糙简陋，如风险识别和测算部分，不管是风险识别还是分担以及量化，很多项目做得较为粗糙，风险量化的方法如概率分布都很少用到。其实就全世界 PPP 的物有所值评价来说，PPP 模式相对传统模式的资金节省主要来自风险的转移，风险的识别、评估、分担和量化对物有所值影响极大，需认真对待。此外，在 PPP 的三种回报机制中，使用者付费采用物有所值评价并无太大意义，国外也通常采用成本效益分析法（Benefit-Cost Analysis，BCA），如果强制推行，易导致形式化。

（3）缺乏全过程评价。目前的财政部《政府和社会资本合作模式操作指南》《PPP 物有所值评价指引（试行）》规定了只在识别阶段开展物有所值评价，这与国际惯例是不符的，而且难以发挥物有所值评价的优势。

（4）价值导向片面。现有的物有所值评价，无论是定性评价还是定量评价，更多的是体现经济效益导向的评价，这种以经济效益为核心的物有所值评价仅是可持续发展理念的一个部分，没有或较少关注 PPP 所引发的社会问题和环境问题，如环境污染、群体性事件等，过多追求效率，即 3E 评判标准，缺乏对公平（Equity）的关注。因而，当前 PPP 发展迫切需要可持续发展理念进行引导。

（5）关键参数取值不够合理。物有所值评价中关键参数主要包括折现率的选取和风险的量化。以折现率选取为例，国外通行的做法主要有两种：一种是考虑预期风险的折现率，可用 CAPM（Capital Asset Pricing Model）或 WACC（Weighted Average Cost of Capital）方法计算；另一种则是如果折现率不考虑风险溢价，只取无风险利率，则在现金流量表中加入通货膨胀率（Zwalf et al.，2017）。根据目前财政部物有所值指引的规定，折现率参照同期地方政府债券收益率合理确定，失之于简单，未能真正体现资金的价值和风险预期。

三、可持续发展导向 PPP 的方向指引

可持续发展是要超越传统的唯经济增长的发展观，强调发展是经济、社会、环境三个方面的整合。联合国的《变革我们的世界：2030 年可持续发展议程》（*Transforming our world：The 2030 agenda for sustainable development*）提出了 17 个可持续发展目标（Sustainable Development Goals，SDGs），愿景是创建一个没有贫困、饥饿、疾病、匮乏并适于万物生存的世界，为全球可持续发展指明了方向。把可持续发展与 PPP 结合起来，推广以人为本（People-first）的可持续发展导向 PPP（Sustainability-oriented PPP）是未来的发展方向，也是通过跨学科融合、多视角分析和多进路推动，克服 PPP 现有缺陷、推动 PPP 模式持续完善、进一步发挥 PPP 综合作用的重要途径。

从公共管理学科的角度来看，可持续发展导向 PPP 的出现也有深刻的时代背景和理论逻辑。20 世纪 80 年代及以前基于传统公共行政理论，基础设施和公共服务全部由政府生产提供，公共性得到了保障，但缺乏效率；90 年代新公共管理运动流行，产生了 PPP 模式，强调在基础设施和公共服务领域引入私人资本，公共部门和私人部门共同生产和提供公共服务，虽然提高了效率，但是由于私人部门天然的逐利性，淡化了公共性，出现了许多伪 PPP 项目，也导致了成本过高、政府回购等问题；当前阶段提倡国家治理与可持续发展导向的 PPP，是强调以人为本，强调公共性与效率的均

衡，对 PPP 项目的评判标准由 3E 走向 4E，即经济性、效率性、效果性和公平性的均衡。

按照诸大建和熊伟（2017）的 PPP 3.0 理论，PPP 模式演化可分为三个阶段：PPP 1.0 主要是以弥补财政资金缺口为目的，PPP 2.0 以提升公共治理能力并提高公共产品供给效率为目的，PPP 3.0 以实现可持续发展为主要目的。PPP 1.0、2.0、3.0 并不是简单的线性演化，而是多元演化和空间并存。以人为本的可持续发展导向 PPP 强调通过政府、企业和社会的合作治理，从经济、社会和环境三个对象维度进行整合，实现从经济型基础设施到社会型基础设施再到环保型基础设施和公共服务的转变，从而达到经济、效率、效果和公平的综合效益最优。

可持续发展导向 PPP 强调通过引入有实力、有经验的社会资本，资源整合和优势互补，通过融资、建设和运营等环节深度衔接和一体化实施，有效降低成本，切实提升服务价值，充分实现增量效益，解决稀缺公共物品和公共服务的供给问题，消解中国社会类和环境类公共服务的贫困化现象。可持续发展导向 PPP 还强调价值导向的转变，即从以经济发展为核心的价值评价转向可持续发展为核心的多元平衡的价值判断，按照 SDGs 的理念，要考虑 People、Planet、Prosperity 三大目标。通过 PPP 的发展，要促进解决中国基础设施和公共服务在城乡和区域之间配置不平衡问题，以及民间资本投资和参与不充分的问题，通过政府和社会资本的长期平等合作，促进城乡基础设施和公共服务惠及当地经济发展，促进当地就业，改善当地环境。

如何将可持续发展的理念整合进 PPP 模式的实施机制，是一个需要高度重视和急需推进的工作。其中，利用可持续发展理念对物有所值评价体系进行升级，在资金价值导向的基础上，结合发展趋势和现实需求，深度嵌入社会价值和环境价值评估内容，强调效率和公平并重，推动从以经济为中心的评估向以人为本的评估升级，实现从 Value for Money 到 Value for People 的转变，是其中一个重点内容，也是解决当前 VfM 发展瓶颈问题的一剂良药。

在传统的工程项目政府审批流程中，社会价值与环境价值评估在可行性研究中的国民经济评价与环境影响评价中有所体现，但是仍然需要在物有所值评估环节重点评估社会价值和环境价值。其原因之一是社会资本的逐利性，极有可能忽视基础设施项目的公共性，从而损害公众利益，因此在 PPP 模式下需要重新评估其社会价值和环境价值；另外，传统工程项目可行性研究中的国民经济评价与环境影响评价评估主体和客体都是政府，从而导致此类评估沦为形式主义，无法真正起到淘汰不合格项目的作用，在 PPP 模式下，社会资本的参与为改进评估机制提供了可能。

四、Value for People 的构建思路

可持续导向 PPP 的物有所值评价，即 Value for People （VfP） Assessment，核心就是从单纯的技术经济评估或成本效益评估转向以经济、社会、环境等为核心的综合效益的评估。经济维度，要考虑用较低的资金提供更多更好的产出；社会维度，要考虑项目的结果如何被更多的人特别是普通人所共享；环境维度，要考虑项目如何实现环境友好资源节约。

不是 PPP 所有的效益都可以转换成货币，非货币化的效益包括可量化但不重要的和没法量化的。非货币化的效益需要以定性评价为主。定性评价根据评价的重点、时机和性质而不同，不同的阶段物有所值定性评价标准也要有所侧重。在 PPP 早期阶段，物有所值定性评价更重要。在一些国家和地区，如苏格兰，物有所值评价现在基本上以定性评价为主。

基础设施和公共服务的数量增加和质量提升不是单纯靠投入增加就能获得的，投入并不与服务质量和数量正相关。要通过全过程的整合来实现，即政府在明确范围和诉求的前提下，通过竞争性方式选择社会资本，通过融资、建设、运营的一体化，通过基于产出说明的绩效考核按效付费机制，通过多元监管机制，有效降低全寿命周期成本，实现综合效益最优。因此，全过程的物有所值评价是必不可少的。

在 PPP 项目的识别阶段，主要以定性评价为主；在进入准备阶段之后，

可以开展定量评价；采购阶段，必须开展物有所值评价，甚至在项目采购中可以考虑将物有所值作为报价和评标标的之一；在执行阶段，物有所值评价更多的是一种中期评估，衡量 PPP 项目的可持续性；在移交阶段，进行物有所值 PPP 模式是否实现了最优价值（The Best Value）。

VfM 只考量政府的资金支出，所以只适合于政府付费模式和可行性缺口补助模式，而 VfP 则对三种模式都适合，也是 PPP 项目评估所必需的。在 Value for People 的评价指标设置上，可在现有的指标基础上，适当增加社会效益和环保效益的内容。考虑到社会价值和环保价值的量化较为复杂和困难，在数据较为匮乏的前期阶段，以定性评价为主。定量评价的量化指标建议按照不同领域的项目有所区别，如交通项目，社会效益可增加节省运营成本、节省土地、减少交通事故、减少乘坐时间等指标，环境效益，更多衡量碳排放的减排量、减少噪声污染等指标。在定性打分的阶段，还可以考虑引入公众参与机制，如与遴选项目直接相关的用户参与打分。

在 PPP 项目发起阶段，所有项目都需要进行 VfP 评价。VfP 评估确保了 PPP 项目的交易结构在效率上要优于政府直接提供的方式。但是，PPP 项目的再谈判通常会对原先的交易结构有很大的改变，因此也会改变该项目的 VfP。此时，政府需要评估再谈判对 VfP 的影响，如果再谈判之后的 PPP 值仍然优于 PSC 值，那么政府应该进行再谈判；否则，政府应该提前终止项目特许经营权，改为政府直接提供。

五、未来展望

2014 年以来的新一轮 PPP 浪潮，无论是适用领域广度还是操作模式深度，都是前所未有的。PPP 的大规模推广应用，在某种程度上代替之前的融资平台和土地财政，成为地方政府解决财政资金缺口推动基础设施建设的主要途径。PPP 模式的推广不仅是工程项目实施模式的创新，也是政府治理模式的重大变革。如果使用得当，规范有序，那么 PPP 将对中国社会经济发展和体制机制改革产生深远的结构性影响。

PPP 移植自西方国家，西方国家成熟且动态完善的 PPP 制度对我国的 PPP 发展始终有重要的借鉴和影响。但是，借鉴的同时也需要本土化的创新。PPP 并不是一个新事物，也不存在全球统一的模式，在全球化、新型城镇化和可持续发展等多重态势叠加的新时期发展背景下，中国的 PPP 需要顺应时代潮流、借鉴国际经验、立足中国国情，走一条有中国特色的发展道路，探索形成 PPP 领域的中国模式。

经过近年来的大规模推广，中国的 PPP 发展取得了巨大成就，也暴露了很多问题，需要主管部门和行业专家进一步完善。作为 PPP 核心机制之一的物有所值评价，尤其备受争议。争议的焦点不仅包括物有所值评价体系中的一些关键技术和要素，甚至对物有所值的必要性和意义都产生了否定意见。这种争议一方面反映了大家对物有所值评价的重视，另一方面也充分暴露了当前物有所值评价体系的滞后性和缺陷。

如何吸收国际经验又适应中国发展需求，结合可持续发展的时代背景，探索以人为本价值导向的物有所值评价体系是当务之急。本书针对中国物有所值评价暴露的现实问题和发展诉求，借鉴国际开展物有所值评价的经验，立足可持续发展的历史趋势和现实需求，分析并提出了物有所值评价要实现从 Value for Money 到 Value for People 的理念和方法转变，以期为中国 PPP 发展和物有所值评价体系完善提供一个决策参考。本书是一个积极的探索，但主要侧重于理念层面，具体的操作流程和评价指标选择都需要在后续的研究中不断深化和细化。

第九章　结论与展望

基础设施的投资与建设是城镇化的重要组成部分,对城镇化起着基础性支撑作用,基础设施具有投资大、周期长、时滞性久和带动效应强等特点。由于历史欠账严重、底子薄、基础差,中国的快速城镇化进程对基础设施投资建设存在巨大资金需求。在以前的基础设施投融资模式中,由于中国行政体制中财权与事权的不匹配,基础设施资金主要依靠政府通过土地财政和投融资平台等途径解决,带来了地方政府债务风险隐患增多、政企不分、政事不分等一系列问题,不可持续,亟须模式创新。

PPP 模式是近几十年流行的一种融资模式,具有缓解政府资金紧张、提高效率和质量、合理分担风险、转变政府职能等优点,通过吸引社会资本参与基础设施建设,与政府形成风险分担、利益共享、长期合作的关系,有助于加快推进城镇化中基础设施的投资建设。PPP 模式自引入中国以来,已经在基础设施和公用事业领域获得了大量的应用,取得了丰硕的成果,积累了一定的成功经验,为进一步推广应用奠定了基础。尤其是在以人为本的新型城镇化、社会经济转型发展和经济新常态背景下,PPP 模式凭借其优势具有更广阔的应用空间,是满足基础设施投融资模式创新的重要途径。

PPP 不是一个新事物。PPP 在中国有着几十年的发展历程,但 2014 年以财政部为主导的新一轮的 PPP 新政无论是范围还是热度都是前所未有的。纵向来看,把中国 PPP 发展推向了一个新的高度;横向来看,中国 PPP 成为世界 PPP 的焦点和热点。中国 PPP 虽然暴露了很多问题,但也积累了很多经验,从时间序列和国际横向的角度进行分析和总结,有助于中国 PPP 经验的传播,也有助于国际社会和投资人了解、参与和学习中国 PPP。

PPP 不是"灵丹妙药"。PPP 固然具有诸多优势，但也有很多不足和争议，有其使用范围和局限，不宜忽视也不宜拔高。对中国 PPP 的政策和项目应用进行评估，检测 PPP 政策实施效果和项目绩效，有助于促进 PPP 健康发展和可持续发展。

PPP 不能忽视区域差异。中国是一个幅员辽阔、社会经济发展不均衡的大国，要素和自然环境的空间差异对 PPP 政策实施和项目开发都有重要的影响，这决定了中国 PPP 政策不能"一刀切"，要考虑政策弹性，赋予地方政府主动性和创新性。因此，基于空间异质性构建 PPP 的空间治理机制是中国这样的大国发展 PPP 的一大特色，也是 PPP 发展的必然需求。

针对前述问题，本书在回顾国内外研究进展的基础上，总结了中国 PPP 发展历程和模式特征，梳理了中国 PPP 政策的制定和执行过程，对中国 PPP 政策和管理进行了评估，提出了当前及未来时期的中国 PPP 的研究新议程。

本书的主要研究结论如下：

（1）以融资平台和土地财政为代表的基础设施投融资旧有模式亟须创新和突破。中国城镇化进程中城市基础设施建设的资金来源主要有财政资金、地方政府投融资平台和社会资本。改革开放以来，尤其是 20 世纪 90 年代以来的快速城镇化进程中，由于分税制改革形成的非对称型财政分权模式，导致地方政府广泛采用融资平台和土地财政的模式来弥补地方财政资金对基础设施投入的不足。虽然这种旧有模式一度发挥了巨大作用，有效推进了基础设施建设和中国城镇化，但也产生了地方政府债务危机等不良后果，亟须创新。

（2）城镇化进程中基础设施资金需求缺口极大，PPP 模式大有可为。基础设施的资金需求极大，仅依靠政府财政资金显然难以实现，而融资平台和土地财政又受到了政策的严格限制和清理。改革开放以来的经济持续快速增长积淀了巨额的民间资本，培养了一大批具有创新精神和丰富经验的民营企业。PPP 模式作为一种几十年来国际上流行的基础设施投融资模式，得到了实践的验证。因此，通过 PPP 模式引入社会资本，从而弥补政府投入不足，提升效率和质量，是一个可行的路径。

（3）中国 PPP 应用存在显著的阶段性和空间非均衡性。基于利用公开搜索引擎自行收集的中国 PPP 项目案例库，并结合财政部 PPP 项目库，对过去几十年 PPP 的应用进行了分析，研究发现中国 PPP 应用存在时序上的波动性/不稳定性、空间上的非均衡性和应用上的反常规性等特征；PPP 发展可分为四个阶段；前述特征主要受到国家经济发展与政策、地方政府的态度偏好及动机、地方政府的能力和信用、路径依赖等因素的影响。

（4）中国 PPP 的驱动因素具有时空分异性特征。以前的研究往往将 PPP 驱动因素作为一个整体考虑，但中国幅员广阔，地区社会经济和发展环境差异悬殊，PPP 的驱动因素在不同时期和不同地区也应当存在差异。基于这个假设，通过文献调研的方法识别了中国 PPP 驱动因素，然后结合定量分析与典型案例的方法进行验证。研究发现，中国 PPP 的关键驱动因素主要有弥补财政资金缺口、合理分担风险、提升产品质量和服务水平、促进体制机制改革、有效引导社会资本健康发展、促进经济发展和城镇化建设等。这些驱动因素的作用存在显著的时空分异特征，这种分异是受综合因素影响的结果。

（5）中国 PPP 发展具有独有的特征。通过基于间断平衡理论的中国 PPP 政策过程分析和发展演化分析，研究认为中国 PPP 发展存在"中国模式"的可能性，是与英国、法国等传统 PPP 流派并列的一种新模式。本书从项目、组织、政策和治理等多层面对其特征进行了归纳和梳理，并提出了新时代背景下中国 PPP 的新议程。

（6）中国 PPP 政策效果显著但也存在不足。通过历史分析、比较分析、空间分析并结合数据分析对 2014 年之前 PPP 发展绩效和 2014—2017 年 PPP 发展绩效进行了评估，识别了相关影响因素，研究发现 PPP 政策成效显著，对民生改善和经济发展都有较强的促进作用。但同时也指出，PPP 政策的决策中一定要考虑空间异质性，允许不同的地区根据当地的发展阶段、社会经济状况、发展需求和实际能力采取符合当地实际的措施。

（7）国际 PPP 发展存在"和而不同"的发展趋势。基于 PPP 项目的数据库对中国、印度和英国三个 PPP 发展典型国家的 PPP 政策、管理和应用进行比较分析和案例分析，发现国际 PPP 发展存在先分化后趋同的态势。研究表明，PPP 在不同国家虽然也具有许多共同元素和特征，但发展差异很大。尤其是 PPP 深受各个国家的经济、政治、历史、文化等因素影响，很难形成一个统一的模式。在全球化和信息化的影响下，国家之间的交流和信息共享越来越便捷，对 PPP 也产生了深刻影响。各国 PPP 的制度和经验的交流分享，有助于打造 PPP 的知识共同体。

（8）中国 PPP 应用具有自身特色但也需要创新优化。发现中国的 PPP 应用具有不同于其他国家的特色，对促进行业发展和城镇化具有显著效果。但在实施过程中也存在诸多问题，尤其需要结合供给侧结构性改革、可持续发展等宏观趋势进行创新性的优化。新型城镇化对 PPP 模式提出了新要求、新机遇和新挑战，在新时期，PPP 模式存在指导理论、应用领域和应用方式上的优化可能。以空间生产理论为指导，将 PPP 模式与城市空间重构结合起来，提出了一个理论指导解释框架，并对新型城镇化中 PPP 应用的典型重点领域，包括园区整体开发、海绵城市和地下综合管廊，提出了创新应用方案和实施要点。

本书只是对 PPP "中国模式" 从发展评估和空间治理角度开展的一个初步探索，主要侧重于时空演化分析、政策过程与效果评估、知识谱系研究和空间治理理论构建。PPP "中国模式" 研究是一项系统工程，需要开展深入的国际比较、历史综述、模型构建和实证检验等，是一个需要学术界和实务界反复研讨和全面辩驳的过程，这些都需要在后续研究中不断深化。在理论层面，可以借助演化经济地理学、新经济地理学、资本主义多样性等理论，结合典型城市对 PPP 发展进行进一步的科学分析。

参考文献

敖荣军、韦燕生：《中国区域旅游发展差异影响因素研究——来自1990—2003年的经验数据检验》，《财经研究》2006年第3期。

巴曙松：《地方政府投融资平台的发展及其风险评估》，《西南金融》2009年第9期。

巴曙松：《从城镇化的推进看不同区域的基础设施投资重点》，《现代产业经济》2013年第9期。

财政部财政科学研究所课题组：《城镇化进程中的地方政府融资研究》，《经济研究参考》2013年第13期。

蔡建明、王国霞、杨振山：《我国人口迁移趋势及空间格局演变》，《人口研究》2007年第5期。

陈必轩：《基于PPP模式的云南旅游景区投融资研究》，云南财经大学硕士论文，2017年。

陈玲、李丹：《PPP政策变迁与政策学习模式：1980至2015年PPP中央政策文本分析》，《中国行政管理》2017年第2期。

陈浩、袁竞峰、张星、李启明：《基于贝叶斯网络的PPP项目残值风险研究》，《项目管理技术》2012年第3期。

陈鸿宇：《空间视角下的不平衡发展问题辨析》，《南方经济》2017年第10期。

陈嘉平：《新马克思主义视角下中国新城空间演变研究》，《城市规划学刊》2013年第4期。

陈明星、隋昱文、郭莎莎：《中国新型城镇化在"十九大"后发展的新态势》，《地理研究》2019 年第 1 期。

陈曦、王松江：《基于霍尔三维结构模型的城市水务业项目融资模式研究》，《项目管理技术》2010 年第 12 期。

程哲、蔡建明、杨振山、王守清：《城镇化背景下的投融资规划框架研究》，《工程管理学报》2015 年第 2 期。

程哲、韦小泉、林静、蔡建明：《1984—2013 年中国 PPP 发展的时空格局与影响因素》，《经济地理》2018 年第 1 期。

楚阳：《基于 VFM 的养老机构 PPP 模式应用研究》，西安建筑科技大学硕士学位论文，2016 年。

崔健、刘东、林超英：《后金融危机时代城市基础设施建设投融资模式选择与创新——基于政府融资平台视角的分析》，《现代城市研究》2013 年第 7 期。

戴大双、于英慧、韩明杰：《BOT 项目风险量化方法与应用》，《科技管理研究》2005 年第 2 期。

邓小鹏、熊伟、袁竞峰、李启明：《基于各方满意的 PPP 项目动态调价与补贴模型及实证研究》，《东南大学学报（自然科学版）》2009 年第 6 期。

丁悦、蔡建明、任周鹏、杨振山：《基于地理探测器的国家级经济技术开发区经济增长率空间分异及影响因素》，《地理科学进展》2014 年第 5 期。

杜静、吴洪樾：《城市轨道交通 PPP 项目 VFM 定性评价分析——以济青铁路为例》，《工程管理学报》2016 年第 3 期。

范九利、白暴力：《基础设施投资与中国经济增长的地区差异研究》，《人文地理》2004 年第 2 期。

封北麟：《地方政府投融资平台与地方政府债务研究》，《中国财政》2009 年第 18 期。

封北麟：《我国城镇化进程中的基础设施融资》，《经济研究参考》2013 年第 13 期。

冯静：《我国地方政府发债面临的问题及对策》，《财政研究》2009 年第

4 期。

高会芹、刘运国、亓霞、傅鸿源：《基于 PPP 模式国际实践的 VfM 评价方法研究——以英国、德国、新加坡为例》，《项目管理技术》2011 年第 3 期。

高舒琦：《收缩城市研究综述》，《城市规划学刊》2015 年第 3 期。

郭庆旺、贾俊雪：《基础设施投资的经济增长效应》，《经济理论与经济管理》2006 年第 3 期。

郭舒：《基于产业链视角的旅游扶贫效应研究方法》，《旅游学刊》2015 年第 11 期。

韩博天、石磊：《中国经济腾飞中的分级制政策试验》，《开放时代》2008 年第 5 期。

贺东航、孔繁斌：《公共政策执行的中国经验》，《中国社会科学》2011 年第 5 期。

胡鞍钢、周绍杰、鲁钰锋、地力夏提·吾布力：《重塑中国经济地理：从1.0 版到4.0 版》，《经济地理》2015 年第 12 期。

胡振、刘华、金维兴：《服务购买型 BOT 项目特许经营期的计算模型》，《预测》2010 年第 6 期。

黄斌、戴林琳、胡垚、吕斌：《基于空间生产视角的文化创意产业对旧城再生影响机制研究——以南锣鼓巷为例》，《北京规划建设》2012 年第 3 期。

贾康、刘微：《"土地财政"：分析及出路——在深化财税改革中构建合理、规范、可持续的地方"土地生财"机制》，《财政研究》2012 年第 1 期。

贾康、孙洁：《公私伙伴关系（PPP）的概念、起源、特征与功能》，《财政研究》2009 年第 10 期。

贾康、孙洁：《城镇化进程中的投融资与公私合作》，《中国金融》2011 年第 19 期。

江泓、张四维：《生产、复制与特色消亡——"空间生产"视角下的城市特色危机》，《城市规划学刊》2009 年第 4 期。

姜文锦、陈可石、马学广：《我国旧城改造的空间生产研究——以上海新天地为例》，《城市发展研究》2011 年第 10 期。

蒋时节、刘贵文、李世蓉：《基础设施投资与城市化之间的相关性分析》，《城市发展研究》2005 年第 2 期。

蒋震、邢军：《地方政府"土地财政"是如何产生的》，《宏观经济研究》2011 年第 1 期。

柯永建、王守清、陈炳泉：《基础设施 PPP 项目的风险分担》，《建筑经济》2008 年第 4 期。

柯永建、王守清、姚彩君：《基础设施特许经营中的"新垄断"问题分析》，《商业研究》2007 年第 5 期。

赖丹馨：《基于合约理论的公私合作制（PPP）研究》，上海交通大学博士学位论文，2011 年。

李佳嵘：《基于我国国情的 PSC 评价体系研究》，清华大学硕士学位论文，2011 年。

李佳嵘、王守清：《我国 PPP 项目前期决策体系的改进和完善》，《项目管理技术》2011 年第 5 期。

李俊文：《地方政府机构的银行融资情况研究》，《经济问题探索》2008 年第 10 期。

李亮、赵磊：《中国旅游发展效率及其影响因素的实证研究——基于随机前沿分析方法（SFA）》，《经济管理》2013 年第 2 期。

李明、金宇澄：《城市水务设施特许经营理论分析》，《河北工程大学学报（社会科学版）》2007 年第 1 期。

李平、王春晖、于国才：《基础设施与经济发展的文献综述》，《世界经济》2011 年第 5 期。

李萍萍、安伟、袁建华、赵伟：《我国农村基础设施投资地区差异实证分析》，《农业科学研究》2015 年第 2 期。

李启明、熊伟、袁竞峰：《基于多方满意的 PPP 项目调价机制的设计》，

《东南大学学报（哲学社会科学版）》2010 年第 1 期。

李强、郑江淮：《基础设施投资真的能促进经济增长吗？——基于基础设施投资"挤出效应"的实证分析》，《产业经济研究》2012 年第 3 期。

李涛：《中国乡村旅游投资发展过程及其主体特征演化》，《中国农村观察》2018 年第 4 期。

李郇、洪国志、黄亮雄：《中国土地财政增长之谜——分税制改革、土地财政增长的策略性》，《经济学（季刊）》2013 年第 4 期。

李尧：《PPP 模式在中国的研究趋势分析》，天津大学硕士学位论文，2012 年。

李玉龙：《林业产业 PPP 投融资模式应用研究》，西北农林科技大学硕士学位论文，2017 年。

梁伟、王守清：《实物期权在城市轨道交通 PPP 项目决策中的应用》，《工程管理学报》2012 年第 2 期。

刘春济、冯学钢、高静：《旅游发展对经济增长的拉动作用：一个国外综述》，《华东经济管理》2014 年第 4 期。

刘慧慧、孙剑、李飞飞：《城市地下综合管廊应用 PPP 模式的 VFM 评价》，《土木工程与管理学报》2016 年第 4 期。

刘伦武：《基础设施投资对经济增长推动作用研究》，江西财经大学博士学位论文，2003 年。

刘敏、刘爱利、孙琼、赵瑞克：《国内外旅游城镇化研究进展》，《人文地理》2015 年第 6 期。

刘珊、吕拉昌、黄茹、林康子：《城市空间生产的嬗变——从空间生产到关系生产》，《城市发展研究》2013 年第 9 期。

刘生龙、胡鞍钢：《基础设施的外部性在中国的检验：1988—2007》，《经济研究》2010 年第 3 期。

刘伟：《政策试点：发生机制与内在逻辑——基于我国公共部门绩效管理政策的案例研究》，《中国行政管理》2015 年第 5 期。

刘啸：《旅游大投资时代刚开始还是已结束?》，《中国旅游报》2018 年 7 月

24 日。

刘璇璇、任冶：《高速公路 PPP 项目 VFM 评价模型及其应用研究》，《湖南
交通科技》2015 年第 4 期。

刘彦随、刘玉：《中国农村空心化问题研究的进展与展望》，《地理研究》
2010 年第 1 期。

柳思维、徐志耀、唐红涛：《公路基础设施对中部地区城镇化贡献的空间计
量分析》，《经济地理》2011 年第 2 期。

龙花楼、李裕瑞、刘彦随：《中国空心化村庄演化特征及其动力机制》，《地
理学报》2009 年第 10 期。

龙瀛、李郇：《收缩城市——国际经验和中国现实》，《现代城市研究》2015
年第 9 期。

陆大道：《我国的城镇化进程与空间扩张》，《城市规划学刊》2007 年第
4 期。

陆大道、姚士谋、李国平、刘慧、高晓路：《基于我国国情的城镇化过程综
合分析》，《经济地理》2007 年第 6 期。

马庆斌、刘诚：《中国城镇化融资的现状与政策创新》，《中国市场》2012
年第 16 期。

马祖琦：《公共投资的溢价回收模式及其分配机制》，《城市问题》2011 年
第 3 期。

买静、张京祥：《地方政府企业化主导下的新城空间开发研究——基于常州
市武进新城区的实证》，《城市规划学刊》2013 年第 3 期。

毛晖、郭鹏宇、杨志倩：《环境治理投资的减排效应：区域差异与结构特
征》，《宏观经济研究》2014 年第 5 期。

毛润泽：《中国区域旅游经济发展影响因素的实证分析》，《经济问题探索》
2012 年第 8 期。

钱洁、苏强、周中行、陈光：《旅游配套项目的 PPP 模式应用研究》，《现
代城市研究》2015 年第 9 期。

秦德安、田靖宇：《地方政府融资平台研究综述》，《地方财政研究》2010

年第 4 期。

萨瓦斯：《民营化与公私部门的伙伴关系》，中国人民大学出版社 2002 年版。

申玉玉、杜静：《公共项目采用私人主动融资模式的资金价值分析》，《建筑
　　管理现代化》2008 年第 3 期。

世界银行：《1994 年世界发展报告：为发展提供基础设施（中文版）》，
　　1994 年。

孙海富：《国内外市郊铁路的发展及建议》，《铁道工程学报》2014 年第
　　3 期。

孙虎：《基础设施投资与城镇化相关性的研究》，辽宁大学硕士学位论文，
　　2013 年。

孙慧、周颖、范志清：《PPP 项目评价中物有所值理论及其在国际上的应
　　用》，《国际经济合作》2009 年第 11 期。

谭建新、杨晋丽：《交通运输基础设施的空间分布与区域经济增长》，《云南
　　民族大学学报（哲学社会科学版）》2009 年第 4 期。

谭俊涛、张平宇、李静：《三江平原垦区基础设施建设对区域城镇化的影
　　响》，《地理研究》2014 年第 3 期。

唐洋军：《财政分权与地方政府融资平台的发展：国外模式与中国之道》，
　　《上海金融》2011 年第 3 期。

唐在富：《中国土地财政基本理论研究——土地财政的起源、本质、风险与
　　未来》，《经济经纬》2012 年第 2 期。

陶然、陆曦、苏福兵、汪晖：《地区竞争格局演变下的中国转轨：财政激励
　　和发展模式反思》，《经济研究》2009 年第 7 期。

万绪才、王厚廷、傅朝霞、马红专：《中国城市入境旅游发展差异及其影响
　　因素——以重点旅游城市为例》，《地理研究》2013 年第 2 期。

汪文雄、李启明：《基于利益相关者多方满意的城市交通 PPP 项目特许价格
　　调整模型研究》，《重庆大学学报（社会科学版）》2010 年第 3 期。

王丰龙、刘云刚：《空间的生产研究综述与展望》，《人文地理》2011 年第
　　2 期。

王丰龙、刘云刚：《空间生产再考：从哈维到福柯》，《地理科学》2013 年第 33 卷第 11 期。

王罕、彭大敏：《PPP 项目物有所值分析中风险量化探讨》，《中国工程咨询》2016 年第 9 期。

王灏：《PPP 的定义和分类研究》，《都市快轨交通》2004 年第 5 期。

王劲峰、徐成东：《地理探测器：原理与展望》，《地理学报》2017 年第 1 期。

王丽丽：《好一朵带刺的玫瑰——访我国著名 BOT 专家王守清教授》，《施工企业管理》2006 年第 6 期。

王守清、柯永建：《中国的 BOT/PPP 实践和经验》，《投资北京》2008 年第 10 期。

王守清、柯永建：《特许经营项目融资（BOT、PFI 和 PPP）》，清华大学出版社 2008 年版。

王守清、梁伟：《第 17 章 BOT/PPP 项目融资理论与实践》，中国双法项目管理研究委员会主编：《中国现代项目管理发展报告》，电子工业出版社 2011 年版。

王守清、刘云：《公私合作（PPP）和特许经营等相关概念》，《环境界》2014 年第 1 期。

王晓玲：《我国省区基本公共服务水平及其区域差异分析》，《中南财经政法大学学报》2013 年第 3 期。

王夷萍：《制约温州市域铁路"R+P"开发模式的土地因素分析》，《都市快轨交通》2016 年第 3 期。

王玉波：《土地财政的成因与效应及改革研究综述》，《经济问题探索》2013 年第 2 期。

王增忠、范立础、张学清：《公私合作制项目特许期的确定方法》，《上海师范大学学报（自然科学版）》2008 年第 1 期。

魏小安：《第四次旅游革命》，《旅游学刊》2018 年第 2 期。

魏啸亮：《BOT 是否将再起波澜——访我国著名 BOT 专家王守清教授》，

《投资北京》2007 年第 8 期。

温俊霞：《基于交易成本的 PPP 项目 VFM 评估体系研究》，长安大学硕士学位论文，2016 年。

吴康、龙瀛、杨宇：《京津冀与长江三角洲的局部收缩：格局、类型与影响因素识别》，《现代城市研究》2015 年第 9 期。

吴丽云：《旅游投资研究综述及展望》，《泰山学院学报》2018 年第 2 期。

伍迪、王守清：《PPP 模式在中国的研究发展与趋势》，《工程管理学报》2014 年第 6 期。

武力超、孙浦阳：《基础设施发展水平对中国城市化进程的影响》，《中国人口·资源与环境》2010 年第 8 期。

武鹏、李同昇、李卫民：《县域农村贫困化空间分异及其影响因素——以陕西山阳县为例》，《地理研究》2018 年第 3 期。

武廷海：《建立新型城乡关系　走新型城镇化道路——新马克思主义视野中的中国城镇化》，《城市规划》2013 年第 11 期。

武廷海、张城国、张能、徐斌：《中国快速城镇化的资本逻辑及其走向》，《城市与区域规划研究》2012 年第 2 期。

夏飞、陈修谦：《高速公路对我国农村城镇化影响研究》，《管理世界》2004 年第 8 期。

夏杰长、齐飞：《旅游业投融资现状与发展》，《中国金融》2018 年第 7 期。

项后军、巫姣、谢杰：《地方债务影响经济波动吗》，《中国工业经济》2017 年第 1 期。

肖金成、安树伟：《从区域非均衡发展到区域协调发展——中国区域发展 40 年》，《区域经济评论》2019 年第 1 期。

谢瀚鹏、许家伟：《PPP 模式下物有所值评价实证研究——以 C 市产业新城建设 BOT 项目为例》，《安徽行政学院学报》2016 年第 4 期。

熊伟、诸大建：《以可持续发展为导向的 PPP 模式的理论与实践》，《同济大学学报（社会科学版）》2017 年第 1 期。

徐林强、童逸璇：《各类资本投资乡村旅游的浙江实践》，《旅游学刊》2018

年第 7 期。

晏朝飞：《中国城镇公共投资的区域差异与时空演进：2003—2015》，《江西社会科学》2017 年第 6 期。

杨丰硕、杨晓梅、王志华、齐文娟、李治、孟樊：《江西省典型县域经济差异影响因子地理探测研究》，《地球信息科学学报》2018 年第 1 期。

杨宇振：《权力，资本与空间：中国城市化 1908—2008 年——写在〈城镇乡地方自治章程〉颁布百年》，《城市规划学刊》2009 年第 1 期。

杨振山、孙艺芸：《城市收缩现象、过程与问题》，《人文地理》2015 年第 4 期。

姚士谋、管驰明、房国坤：《高速公路建设与城镇发展的相互关系研究初探——以苏南地区高速路段为例》，《经济地理》2001 年第 3 期。

姚士谋、陆大道、陈振光、李昌峰、王聪、吴建楠：《顺应我国国情条件的城镇化问题的严峻思考》，《经济地理》2012 年第 5 期。

姚士谋、陆大道、王成新：《我国新型城镇化的若干策略问题探讨》，《现代城市》2014 年第 4 期。

叶超、柴彦威、张小林：《"空间的生产"理论、研究进展及其对中国城市研究的启示》，《经济地理》2011 年第 3 期。

殷洁、罗小龙：《资本、权力与空间："空间的生产"解析》，《人文地理》2012 年第 2 期。

尹贻林、刘琦娟、王翔：《公共项目全生命周期监管体系研究——基于 VfM 评价与 BIM 技术的协同》，《项目管理技术》2016 年第 7 期。

袁竞峰、王帆、李启明、邓小鹏：《基础设施 PPP 项目的 VfM 评估方法研究及应用》，《现代管理科学》2012 年第 1 期。

战金艳、鲁奇：《中国基础设施与城乡一体化的关联发展》，《地理学报》2003 年第 4 期。

湛东升、张文忠、余建辉、孟斌、党云晓：《基于地理探测器的北京市居民宜居满意度影响机理》，《地理科学进展》2015 年第 8 期。

张广海、王佳：《我国旅游资源竞争力综合评价及其开发类型研究》，《中国海洋大学学报（社会科学版）》2013 年第 2 期。

张剑文：《传统村落保护与旅游开发的 PPP 模式研究》，《小城镇建设》
2016 年第 7 期。

张京祥、陈浩：《南京市典型保障性住区的社会空间绩效研究——基于空间
生产的视角》，《现代城市研究》2012 年第 6 期。

张京祥、邓化媛：《解读城市近现代风貌型消费空间的塑造——基于空间生
产理论的分析视角》，《国际城市规划》2009 年第 1 期。

张京祥、耿磊、殷洁、罗小龙：《基于区域空间生产视角的区域合作治
理——以江阴经济开发区靖江园区为例》，《人文地理》2011 年第 1 期。

张世锋、韩守乐：《市政债的国际经验及对我国的启示》，《金融纵横》2011
年第 9 期。

张庭伟：《规划的协调作用及中国规划面临的挑战》，《城市规划》2014 年
第 1 期。

张向阳、丁雨莲、刘德旺：《安徽省旅游业发展的金融支持路径研究》，《安
徽农业大学学报（社会科学版）》2018 年第 2 期。

张晓明、丁颖：《地方政府在民营资本投资旅游景区行为中的功能》，《经济
纵横》2007 年第 3 期。

赵华：《旅游特色小镇创新开发探析》，《经济问题》2017 年第 12 期。

赵磊：《中国旅游市场发展非线性增长效应实证研究》，《经济管理》2011
年第 5 期。

赵全厚、马洪范、张立承、封北麟、陈新平、刘薇：《土地财政规模效应、
成因分析及其规范路径》，《地方财政研究》2014 年第 5 期。

赵燕菁：《土地财政：历史、逻辑与抉择》，《城市发展研究》2014a 年第 1 期。

赵燕菁：《土地财政：历史、逻辑与抉择》，《城市发展研究》2014b 年第 1 期。

甄小燕：《中国发展市郊铁路现存问题解析》，《城市交通》2014 年第 6 期。

郑思齐、胡晓珂、张博、王守清：《城市轨道交通的溢价回收：从理论到现
实》，《城市发展研究》2014 年第 2 期。

钟海生：《旅游业的投资需求与对策研究》，《旅游学刊》2001 年第 3 期。

钟培武:《城镇基础设施建设投融资:地方债务治理与模式创新》,《金融理论与实践》2014 年第 7 期。

周春波、李玲:《旅游资源资本化:演进路径、法律规制与实现机制》,《经济管理》2015 年第 10 期。

周诗广:《我国市域铁路技术标准研制特点》,《中国铁路》2017 年第 7 期。

周瑶:《公共文化类项目实施 PPP 的关键路径研究》,南京大学硕士学位论文,2017 年。

庄友刚:《空间生产与资本逻辑》,《学习与探索》2010 年第 1 期。

庄友刚:《西方空间生产理论研究的逻辑、问题与趋势》,《马克思主义与现实》2011 年第 6 期。

邹德慈:《城市规划导论》,中国建筑工业出版社 2002 年版。

邹晓峰:《中国地方投融资平台的变迁历程和主要经验》,《全国商情》2012 年第 11 期。

Acerete, B., Stafford, A., & Stapleton, P., "Spanish healthcare public private partnerships: The 'Alzira model'", *Critical Perspectives on Accounting*, Vol. 22, No. 6, 2011, pp. 533-549.

Ahmed, S. A., & Ali, S. M., "People as partners: Facilitating people's participation in public-private partnerships for solid waste management", *Habitat International*, Vol. 30, No. 4, 2006, pp. 781-796.

Ariste, R., & Di Matteo, L., "Value for money: An evaluation of health spending in Canada", *International Journal of Health Economics and Management*, Vol. 17, No. 3, 2017, pp. 289-310.

Aschauer, D., "Is public expenditure productive?", *Journal of Monetary Economics*, Vol. 23, No. 2, 1989, pp. 177-200.

Asian Development Bank, *Public-Private Partnership (PPP) Handbook (2008)*.

Akintoye, A., & Chinyio. E., "Private Finance Initiative in the healthcare sector: Trends and risk assessment", *Engineering, Construction and Architectural Management*, Vol. 12, No. 6, 2005, pp. 601-616.

Ball, R., Heafey, M., & King, D., "Risk transfer and value for money in PFI projects", *Public Management Review*, Vol. 5, No. 2, 2003, pp. 279-290.

Baumgartner, F. R., Breunig, C., Green-Pedersen, C., Jones, B. D., Mortensen, P. B., Nuytemans, M., & Walgrave, S., "Punctuated equilibrium in comparative perspective", *American Journal of Political Science*, Vol. 53, No. 3, 2009, pp. 603-620.

Bayliss, K., & Van Waeyenberge, E., "Unpacking the public private partnership revival", *The Journal of Development Studies*, Vol. 54, No. 4, 2018, pp. 577-593.

Bel, G., Brown, T., & Marques, R. C., "Public-private partnerships: Infrastructure, transportation and local services", *Local Government Studies*, Vol. 39, No. 3, 2013, p. 303.

Biswas, A. K., "Special thematic issue: Public-private partnership in the Middle East and North Africa-Introduction", *International Journal of Water Resources Development*, Vol. 19, No. 2, 2003, pp. 119-121.

Boardman, A., & Hellowell, M., "A comparative analysis and evaluation of specialist PPP units' methodologies for conducting value for money appraisals", *Journal of Comparative Policy Analysis: Research and Practice*, Vol. 19, No. 3, 2017, pp. 191-206.

Boushey, G., "Punctuated equilibrium theory and the diffusion of innovations", *Policy Studies Journal*, Vol. 40, No. 1, 2012, pp. 127-146.

Briedenhann, J., & Wickens, E., "Tourism routes as a tool for the economic development of rural areas-vibrant hope or impossible dream?", *Tourism Management*, Vol. 25, No. 1, 2004, pp. 71-79.

Broadbent, J., & Laughlin, R., "Public private partnerships: An introduction", *Accounting, Auditing & Accountability Journal*, Vol. 16, No. 3, 2003, pp. 332-341.

Brogaard, L., & Petersen, O. H., "Public-private partnerships (PPPs) in development policy: Exploring the concept and practice", *Development Policy Review*, Vol. 36, 2018, pp. 729-747.

Burger, P., & Hawkesworth, I., "How to attain value for money: Comparing PPP and traditional infrastructure public procurement", *OECD Journal on Budgeting*, Vol. 11, No. 1, 2011, p. 4.

Carbonara, N., Costantino, N., & Pellegrino, R., "Concession period for PPPs: A win-win model for a fair risk sharing", *International Journal of Project Management*, Vol. 32, No. 7, 2014, pp. 1223-1232.

Carrillo, P., Robinson, H., Foale, P., Anumba, C., & Bouchlaghem, D., "Participation, barriers, and opportunities in PFI: The United Kingdom experience", *Journal of Management in Engineering*, Vol. 24, No. 3, 2008, pp. 138-145.

Celik, Y., Khan, M., & Hikmet, N., "Achieving value for money in health: A comparative analysis of OECD countries and regional countries", *The International Journal of Health Planning and Management*, Vol. 32, No. 4, 2017, pp. e279-e298.

Chan, A. P. C., Lam, P. T. I., Chan, D. W. M., Cheung, E., & Ke, Y., "Drivers for adopting public private partnerships—Empirical comparison between China and Hong Kong Special Administrative Region", *Journal of Construction Engineering and Management*, Vol. 135, No. 11, 2009, pp. 1115-1124.

Chang, Z., "Public-private partnerships in China: A case of the Beijing No. 4 Metro line", *Transport Policy*, Vol. 30, 2013, pp. 153-160.

Cheng, Z., Ke, Y., Lin, J., Yang, Z., & Cai, J., "Spatio-temporal dynamics of public private partnership projects in China", *International Journal of Project Management*, Vol. 34, No. 7, 2016, pp. 1242-1251.

Crow, D. A., "Policy punctuations in Colorado water law: The breakdown of a monopoly", *Review of Policy Research*, Vol. 27, No. 2, 2010, pp. 147–166.

Curtain, K. , & Betts, J. , "Busting some of the public private partnership myths from a government perspective", *Australian Journal of Public Administration*, Vol. 76, No. 3, 2017, pp. 283–287.

Daube, D. , Vollrath, S. , & Alfen, H. W. , "A comparison of project finance and the forfeiting model as financing forms for PPP projects in Germany", *International Journal of Project Management*, Vol. 26, No. 4, 2008, pp. 376–387.

Dovey, T. , & Eggers, W. D. , *Closing America's infrastructure gap: The role of public-private partnerships*, 2007.

Dudley, S. , "PPP paradox: Promise and perils of public-private partnership in education", *Anthropology & Education Quarterly*, Vol. 46, No. 1, 2015, pp. 88–89.

Durbarry, R. , "Tourism and economic growth: The case of Mauritius", *Tourism Economics*, Vol. 10, No. 4, 2004, pp. 389–401.

Economist Intelligence Unit, *Evaluating the environment for public-private partnerships*, 2015.

Efficiency Unit, H. , *An introductory guide to public private partnerships (PPPs)*, 2008.

Eriksen, K. S. , & Jensen, S. , "The cost of second best pricing and the value of risk premium", *Research in Transportation Economics*, Vol. 30, No. 1, 2010, pp. 29–37.

Essig, M. , & Batran, A. , "Public-private partnership—Development of long-term relationships in public procurement in Germany", *Journal of Purchasing and Supply Management*, Vol. 11, No. 5–6, 2005, pp. 221–231.

European PPP Expertise Centre, *Value for money assessment: Review of approaches and key concepts*, 2015.

Feder-Bubis, P. , & Chinitz, D. , "Punctuated equilibrium and path dependency in coexistence: The Israeli health system and theories of change", *Journal of Health Politics, Policy and Law*, Vol. 35, No. 4, 2010, pp. 595-614.

Fisher, C. L. , "Partnerships: For better or for worse", *Biopharm International*, Vol. 18, No. 7, 2005, p. 10.

Flink, C. M. , "Rethinking punctuated equilibrium theory: A public administration approach to budgetary changes", *Policy Studies Journal*, Vol. 45, No. 1, 2017, pp. 101-120.

Garvin, M. J. , "Enabling development of the transportation public-private partnership market in the United States", *Journal of Construction Engineering and Management*, Vol. 136, No. 4, 2010, pp. 402-411.

Grimsey, D. , & Lewis, M. K. , "Are public private partnerships value for money?", *Accounting Forum*, Vol. 29, No. 4, 2005, pp. 345-378.

Grout, P. A. , "Value-for-money measurement in public-private partnerships", *Eib Papers*, Vol. 10, No. 2, 2005, pp. 33-56.

Harvey, D. , "The urban process under capitalism: A framework for analysis", *International Journal of Urban and Regional Research*, No. 2, 1978, pp. 101-131.

Harvey, D. , "Globalization and the spatial fix", *Geographische Revue*, Vol. 2, No. 3, 2001, pp. 23-31.

Hayllar, M. R. , & Wettenhall, R. , "Public-private partnerships: Promises, politics and pitfalls", *Australian Journal of Public Administration*, Vol. 69, 2010, pp. S1-S7.

Henjewele, C. , Sun, M. , & Fewings, P. , "Comparative performance of health-care and transport PFI projects: Empirical study on the influence of key factors", *International Journal of Project Management*, Vol. 32, No. 1, 2014, pp. 77-87.

HM Treasury, *Value for money assessment guidance*, 2004.

HM Treasury, *A new approach to public private partnerships: Consultation on the terms of public sector equity participation in PF2 projects*, 2013.

Hodge, G., & Greve, C., "The public-private partnership debate: Taking stock of the issues and renewing the research agenda", International Research Society for Public Management Annual Conference, 2008.

Hodge, G., & Greve, C., "Public-private partnerships: Governance scheme or language game?", *Australian Journal of Public Administration*, Vol. 69, 2010, pp. S8-S22.

Hodge, G., & Greve, C., "Contemporary public-private partnership: Towards a global research agenda", *Financial Accountability & Management*, Vol. 34, No. 1, 2018, pp. 3-16.

Hofmeister, A., & Borchert, H., "Public-private partnerships in Switzerland: Crossing the bridge with the aid of a new governance approach", *International Review of Administrative Sciences*, Vol. 70, No. 2, 2004, pp. 217-232.

Hoppe, E. I., Kusterer, D. J., & Schmitz, P. W., "Public-private partnerships versus traditional procurement: An experimental investigation", *Journal of Economic Behavior & Organization*, Vol. 89, 2013, pp. 145-166.

Hwang, B., Zhao, X., & Gay, M. J. S., "Public private partnership projects in Singapore: Factors, critical risks and preferred risk allocation from the perspective of contractors", *International Journal of Project Management*, Vol. 31, No. 3, 2013, pp. 424-433.

Iacono, M., Levinson, D., & Zhao, Z., "Value capture for transportation finance", *University of Minnesota: Nexus Research Group*, *Working Papers*: 000064, 2009.

Infrastructure Australia, "National public private partnership guidelines: Overview", *Australian Government Printing Service*, 2008.

Johns, R., Lari, A., Levinson, D., Zhao, Z., & Iacono, M., "Harnessing value for transportation investment: A summary of the study-Transportation finance for transportation finance", *Center for Transportation*, *University of Minnesota*, (*CTS09-18PS*) (2009).

Jones, B. D., & Baumgartner, F. R., "From there to here: Punctuated equilibrium to the general punctuation thesis to a theory of government information processing", *Policy Studies Journal*, Vol. 40, No. 1, 2012, pp. 1-19.

Ke, Y. J., Wang, S. Q., Chan, A., & Cheung, E., "Research trend of public-private partnership in construction journals", *Journal of Construction Engineering and Management - ASCE*, Vol. 135, No. 10, 2009, pp. 1076-1086.

Ke, Y. J., Wang, S. Q., & Chan, A., "Risk allocation in public-private partnership infrastructure projects: Comparative study", *Journal of Infrastructure Systems*, Vol. 16, No. 4, 2010, pp. 343-351.

Ke, Y., "Is public-private partnership a panacea for infrastructure development: The case of Beijing National Stadium", *International Journal of Construction Management*, Vol. 14, No. 2, 2014, pp. 90-100.

Ke, Y., Jefferies, M., Shrestha, A., & Jin, X., "Public private partnership in China: Where to from here", *Organization*, *Technology and Management in Construction*, Vol. 6, No. 3, 2014, pp. 1156-1162.

Ke, Y., Wang, S., Chan, A. P. C., & Cheung, E., "Research trend of public-private partnership in construction journals", *Journal of Construction Engineering and Management*, Vol. 135, No. 10, 2009, pp. 1076-1086.

Krugman, P., "What's new about the new economic geography", *Oxford Review of Economic Policy*, Vol. 14, No. 2, 1998, pp. 7-17.

Leventoglu, B., & Slantchev, B. L., "The armed peace: A punctuated equilibrium theory of war", *American Journal of Political Science*, Vol. 51, No. 4, 2007, pp. 755-771.

Li, B., *Risk management of construction public-private partnership projects*, 2003.

Liang, W., Song, X. Y., & Wang, S. Q., "Case study of the Bird's Nest:

Risks and opportunities in China's PPP implementations in major sports facilities", *Advanced Materials Research*, Vol. 243 – 249, 2011, pp. 6332-6338.

Mathur, S. , & Smith, A. , "A decision-support framework for using value capture to fund public transit: Lessons from project-specific analyses", *Faculty Publications*, *Urban and Regional Planning*, 2012.

Mckevitt, D. , & Davis, P. , "Value for money: A broken piñata?", *Public Money & Management*, Vol. 36, No. 4, 2016, pp. 257-264.

Medda, F. R. , Carbonaro, G. , & Davis, S. L. , "Public private partnerships in transportation: Some insights from the European experience". *IATSS Research*, Vol. 36, No. 2, 2013, pp. 83-87.

Medda, F. , "A game theory approach for the allocation of risks in transport public private partnerships", *International Journal of Project Management*, Vol. 25, No. 3, 2007, pp. 213-218.

Mu, R. , de Jong, M. , & Koppenjan, J. , "The rise and fall of public-private partnerships in China: A path-dependent approach", *Journal of Transport Geography*, Vol. 19, No. 4, 2011, pp. 794-806.

Murphy, T. J. , "The case for public-private partnerships in infrastructure", *Canadian Public Administration*, Vol. 51, No. 1, 2008, pp. 99-126.

Opara, M. , "Value for money and risk relationships in public-private partnerships: Evaluating program-based evidence", *Australian Accounting Review*, No. 21, 2017.

Patil, N. A. , Tharun, D. , & Laishram, B. , "Infrastructure development through PPPs in India: Criteria for sustainability assessment", *Journal of Environmental Planning and Management*, Vol. 59, No. 4, 2016, pp. 708-729.

Petridou, E. , "Theories of the policy process: Contemporary scholarship and future directions", *Policy Studies Journal*, Vol. 42, No. S1, 2014, pp. 12-32.

Pollock, A. M., Shaoul, J., & Vickers, N., "Private finance and 'value for money' in NHS hospitals: A policy in search of a rationale?", *BMJ*, Vol. 324, No. 7347, 2002, pp. 1205-1209.

Qi, W., Liu, S., Zhao, M., & Liu, Z., "China's different spatial patterns of population growth based on the 'Hu Line'", *Journal of Geographical Sciences*, Vol. 26, No. 11, 2016, pp. 1611-1625.

Reeves, E., Palcic, D., & Flannery, D., "PPP procurement in Ireland: An analysis of tendering periods", *Local Government Studies*, Vol. 41, No. 3, 2015, pp. 379-400.

Renda, A., & Schrefler, L., "Public-private partnerships: Models and trends in the European Union", *European Parliament's Committee on Internal Market and Consumer Protection*, 2006.

Robinson, S. E., & Caver, F. R., "Punctuated equilibrium and congressional budgeting", *Political Research Quarterly*, Vol. 59, No. 1, 2006, pp. 161-166.

Rossi, M., & Civitillo, R., "Public private partnerships: A general overview in Italy", *Procedia - Social and Behavioral Sciences*, Vol. 109, 2014, pp. 140-149.

Roumboutsos, A., & Anagnostopoulos, K. P., "Public-private partnership projects in Greece: Risk ranking and preferred risk allocation", *Construction Management and Economics*, Vol. 26, No. 7, 2008, pp. 751-763.

Roumboutsos, A., & M. R. Macário, R., "Public private partnerships in transport: Theory and practice", *Built Environment Project and Asset Management*, Vol. 3, No. 2, 2013, pp. 160-164.

Rybeck, R., "Using value capture to finance infrastructure and encourage compact development", *Public Works Management & Policy*, Vol. 8, No. 4, 2004, pp. 249-260.

Sebök, M., & Berki, T., "Punctuated equilibrium in democracy and autocracy:

An analysis of Hungarian budgeting between 1868 and 2013", *European Political Science Review*, Vol. 10, No. 4, 2018, pp. 589-611.

Shioji, E., "Public capital and economic growth: A convergence approach", *Journal of Economic Growth*, Vol. 3, No. 6, 2001, pp. 205-227.

Sobhiyah, M. H., Bemanian, M. R., & Kashtiban, Y. K., "Increasing VFM in PPP power station projects-Case study: Rudeshur gas turbine power station", *International Journal of Project Management*, Vol. 27, No. 5, 2009, pp. 512-521.

Song, J., Zhang, H., & Dong, W., "A review of emerging trends in global PPP research: Analysis and visualization", *Scientometrics*, Vol. 107, No. 3, 2016, pp. 1111-1147.

Studlar, D. T., & Cairney, P., "Conceptualizing punctuated and non-punctuated policy change: Tobacco control in comparative perspective", *International Review of Administrative Sciences*, Vol. 80, No. 3, 2014, pp. 513-531.

Tang, L. Y., Shen, Q. P., & Cheng, E., "A review of studies on public-private partnership projects in the construction industry", *International Journal of Project Management*, Vol. 28, No. 7, 2010, pp. 683-694.

Vadali, S. R., "Using the economic value created by transportation to fund transportation", *Public Roads*, Vol. 3, No. 76, 2012.

Vining, A. R., & Boardman, B. "Public-private partnerships in Canada: Theory and evidence", *Canadian Public Administration*, Vol. 51, No. 1, 2008, pp. 9-44.

Wang, C., Liang, W., & Wang, S., "Real option in urban rapid rail transit PPP project", in Bao, T. (ed.), *Applied Mechanics and Materials*, 2014, pp. 437-442.

Wang, H., Xiong, W., Wu, G., & Zhu, D., "Public private partnership in public administration discipline: A literature review", *Public Management*

Review, Vol. 20, No. 2, 2017, pp. 293–316.

Wang, J., & Hu, Y., "Environmental health risk detection with Geog Detector", *Environmental Modelling & Software*, Vol. 33, 2012, pp. 114–115.

Wang, S. Q., Tiong, R., Ting, S. K., Chew, D., & Ashley, D., "Evaluation and competitive tendering of BOT power plant project in China", *Journal of Construction Engineering and Management*, Vol. 124, No. 4, 1998, pp. 333–341.

Wang, Y., Wang, Z. L., Fang, S. F., & Sun, X. M., "Study on public–private partnership of construction enterprises in China", *Proceedings of 2005 International Conference on Construction & Real Estate Management*, *Vols 1 and 2: Challenge of Innovation in Construction and Real Estate*, 2005, pp. 622–625.

Weible, C. M., & Sabatier, P. A., *Theories of the policy process*, 4th Edition, New York: Routledge, 2017.

World bank, *About public–private partnerships*, 2016.

Xu, Y., Sun, C., Skibniewski, M. J., Chan, A. P. C., Yeung, J. F. Y., & Cheng, H., "System dynamics (SD) –based concession pricing model for PPP highway projects", *International Journal of Project Management*, Vol. 30, No. 2, 2012, pp. 240–251.

Yang, Z., & Dunford, M., "City shrinkage in China: Scalar processes of urban and hukou population losses", *Regional Studies*, No. 8, 2017, pp. 1–12.

Ye, S., & Tiong, R., "Government support and risk–return trade–off in China's BOT power projects", *Engineering Construction and Architectural Management*, Vol. 7, No. 4, 2000, pp. 412–422.

Yuan, J., Xu, W., Xia, B., & Skibniewski, M. J., "Exploring key indicators of residual value risks in China's public – private partnership projects", *Journal of Management in Engineering*, Vol. 34, No. 1, 2018, p. 4017046.

Zhang, J., & Peck, J., "Variegated capitalism, chinese style: Regional models, multi-scalar constructions", *Regional Studies*, Vol. 50, No. 1, 2016, pp. 52-78.

Zhang, S., Gao, Y., Feng, Z., & Sun, W., "PPP application in infrastructure development in China: Institutional analysis and implications", *International Journal of Project Management*, Vol. 33, No. 3, 2015, pp. 497-509.

Zhang, X., "Web-based concession period analysis system", *Expert Systems with Applications*, 2011.

Zhong, L., Mol, A. P. J., & Fu, T., "Public-private partnerships in China's urban water sector", *Environmental Management*, Vol. 41, No. 6, 2008, pp. 863-877.

Zou, P. X. W., Wang, S., & Fang, D., "A life-cycle risk management framework for PPP infrastructure projects", *Journal of Financial Management of Property and Construction*, Vol. 13, No. 2, 2008, pp. 123-142.

Zwalf, S., Hodge, G., & Alam, Q., "Choose your own adventure: Finding a suitable discount rate for evaluating value for money in public-private partnership proposals", *Australian Journal of Public Administration*, Vol. 76, No. 3, 2017, pp. 301-315.

索 引

后　记

本书付梓之际，我的内心既高兴又充满忐忑。这是我的第一本专著，是我多年来从不同学科研究 PPP 的一个阶段性成果汇总，但不是全部。在整理写作本书初稿的时候，看到自己多年来还是产出了不少成果，虽然不一定正确，水平未必多高，但都是自己辛勤思考、辛劳钻研、辛苦写作的结晶，表明自己这些年还是扎实做了一些研究工作，足以自慰。

我 2010 年在清华土木水利学院建设管理系读研的时候，跟随导师"中国 PPP 教父"王守清教授研究 PPP。从那以后，不管是在中国科学院（以下简称中科院）地理所攻读人文地理学博士，还是在北京大学经济学院从事应用经济学博士后研究，研究的主题一直未曾偏离 PPP，只是学科视角、理论和方法得到了不断的提升和转移。我在清华学习的是工程管理和项目管理，主要从项目层面研究 PPP，强调微观操作，主要针对项目结构、风险管理和全过程管控等内容进行研究。后来在中科院地理所攻读城市与区域规划方向的博士，系统学习了地理学和城市规划的知识体系，开始从空间角度理解和分析 PPP，强调宏观尺度，研究的重点转向了 PPP 的空间布局、演化规律和影响因素等。在北京大学经济学院从事博士后研究期间，因为我在财政学系，所以结合财政学的视角和理论开展 PPP 的研究，侧重 PPP 对地方政府债务和财政治理的影响研究。

我开始接触 PPP 的时候，PPP 还是个比较新鲜、相当冷僻、绝对小众的领域。那时全国甚至全球从事 PPP 研究的学者都不多，大多彼此认识，起码听说过名字或看过论文。因为不受关注，那时的研究比较纯粹，没啥热度可蹭。2014 年开始的 PPP"新政"，对 PPP 的发展是个极大的利好和里程碑。PPP 一下子爆火，火得让学者们都有点措手不及。我始终认为 PPP 是个小众的模式，绝不可以也不应该成为主流，过度的流行和吹捧未必是个好事，这些观点在书中都进行了论述。

如今 PPP 的热潮已经退去，留下来一地鸡毛。新闻报道说给很多地方政府和企业背上沉重的负担，但这不能怪罪 PPP，而应归罪于那些半懂不懂却想投机套利的官员和商人。任何模式、制度、工具，不仅是 PPP，本身是中性的，关键在于如何利用以及利用的人。这几年 PPP 的过度狂热，用柯永建博士的说法就是 PPP fever，充分展示了"失去初心，后果有多严重"。当然，换个角度，PPP 新政是一个非常好的准自然实验，提供了非常充分的正反经验。作为一个学者，对中国 PPP 发展进行系统梳理、深入反思和经验总结，丰富全球 PPP 知识体系，促进中国 PPP 健康发展和基础设施高质量发展，这既是使命所在，也是一种智识上的挑战和乐趣。

我非常赞同"论文写在祖国大地上"，我转入高校专职科研之前，在实务界摸爬滚打过十年，参与了近百个项目，在很多领域，包括 PPP 咨询，都积累了丰富的实践经验。转型科研之后，从实践跳出来反思 PPP，有了很多新的感悟和体会，不过，如何利用规范的研究范式和科学话语将之表达出来，极为不易。本书只是其中一点尝试。

我大龄才开始读硕读博，资质一般，好在机遇颇佳，屡遇名师，自己也算争气，总算在四十岁获得教授资格。借此机会感谢一路上的贵人，尤其是我的几位恩师，硕士导师清华大学王守清教授，博士导师中科院地理所蔡建明研究员，博士后导师北京大学王大树教授，没有他们的指导、帮助和提携，就没有我的今日。还要感谢宋金波教授、王欢明教授、胡振教授、熊伟副教授、李亚帅副教授等诸位师友的帮助和照顾，也要感谢柯永建博士、杨振山博士、邓羽博士、林静博士、申海成博士、李寒湜博士等诸多同门，他们在不同的阶段给了我相同的温暖、关怀和帮助。要感谢的人还有很多，限于篇幅，无法一一列出，还请见谅，在此一并表示诚挚的感谢。

最后，感谢我的家人，我的岳父母帮我辛苦带娃，让我安心科研；我的爱人早我 6 年博士后出站，一直给予我鼓励；我亲爱的儿子小土豆带给了我人生最大的快乐和成就感。他们永远是我最坚强的后盾。

当然，本书文责自负。此外，本人才疏学浅，书中错误疏漏在所难免，敬请读者多批评指正。

程 哲

辛丑年于古都西安

专家推荐表

第十批《中国社会科学博士后文库》专家推荐表 1

　　《中国社会科学博士后文库》由中国社会科学院与全国博士后管理委员会共同设立，旨在集中推出选题立意高、成果质量高、真正反映当前我国哲学社会科学领域博士后研究最高学术水准的创新成果，充分发挥哲学社会科学优秀博士后科研成果和优秀博士后人才的引领示范作用，让《文库》著作真正成为时代的符号、学术的示范。

推荐专家姓名	蔡建明	电　　话	
专业技术职务	研究员	研究专长	城市可持续发展
工作单位	中国科学院地理科学与资源研究所	行政职务	
推荐成果名称	中国 Public Private Partnership（PPP）发展评估		
成果作者姓名	程哲		

　　（对书稿的学术创新、理论价值、现实意义、政治理论倾向及是否具有出版价值等方面做出全面评价，并指出其不足之处）

　　本书从地理和空间分析的视角和方法出发，立足中国城镇化的时代背景，系统梳理和深入分析中国 PPP 发展的时空格局、驱动因素、模式特征、演化机理、国际比较和应用评估等，体现鲜明的时代特征和创新意识，视角独特，数据详实，论证充分，理论合理，具有较强的创新性、较高的学术思想价值和实践指导价值。

　　PPP 对城乡可持续发展和社会经济高质量发展都有着重要的驱动作用，在全球化和新型城镇化背景下对 PPP 进行评估，及时总结经验，发现不足，不仅有助于促进中国 PPP 模式和政策的完善和优化，而且在国际上有助于宣传中国经验，讲好中国故事，打造 PPP"中国模式"。

　　本书密切跟踪国内外学术发展和学科建设的前沿和动态，坚持以重大现实问题为导向，坚持理论和应用并重，坚持服务国家社会经济发展大局，着力推进 PPP 理论体系、学术体系和话语体系的多元化建设和中国化创新。

　　由于写作周期的原因，对最近两年中国 PPP 出现的一些新动向和新问题，本书涉及不多，是本书的一个遗憾和不足。

　　本书反映了当前我国哲学社会科学领域博士后研究的最高水准，我强烈推荐此书作为博士后文库出版。

　　　　　　　　　　　　　　　　　签字：

　　　　　　　　　　　　　　　　　2021 年 3 月 12 日

说明：该推荐表须由具有正高级专业技术职务的同行专家填写，并由推荐人亲自签字，一旦推荐，须承担个人信誉责任。如推荐书稿入选《文库》，推荐专家姓名及推荐意见将印入著作。

第十批《中国社会科学博士后文库》专家推荐表 2

《中国社会科学博士后文库》由中国社会科学院与全国博士后管理委员会共同设立，旨在集中推出选题立意高、成果质量高、真正反映当前我国哲学社会科学领域博士后研究最高学术水准的创新成果，充分发挥哲学社会科学优秀博士后科研成果和优秀博士后人才的引领示范作用，让《文库》著作真正成为时代的符号、学术的示范。

推荐专家姓名	王大树	电 话	
专业技术职务	教授	研究专长	发展经济学，财政学
工作单位	北京大学经济学院	行政职务	无
推荐成果名称	中国 Public Private Partnership（PPP）发展评估		
成果作者姓名	程哲		

（对书稿的学术创新、理论价值、现实意义、政治理论倾向及是否具有出版价值等方面做出全面评价，并指出其不足之处）

本书是程哲博士在北京大学经济学院从事博士后工作期间的成果。本书围绕中国式 PPP 的内涵、特征和发展经验，基于学科交叉的视角，综合采用历史分析、空间分析、数据分析、比较分析等多元方法，定性和定量结合，对 PPP 政策过程、模式特征、驱动因素、发展绩效、国际比较和应用效果等进行了评估和分析。本书视角独特，创新性强，写作规范，理论分析有深度，实证论证较充分，实践结合较紧密。当然，本书在经济学理论和方法的使用上，尤其是财政学理论和经济计量方法的应用稍显薄弱。

PPP 不仅是基础设施和公共服务领域供给侧改革的一种创新模式，也是一项重要的财政政策，不仅有效促进了城镇化和经济发展，也促进了财政体制机制改革和推进国家治理能力现代化建设。2014 年以来的 PPP 新政，取得了巨大的成就，获得了社会广泛的关注，但也暴露了很多问题，对 PPP 发展和应用进行评估，具有重要的理论价值和实践意义。

本书坚定"四个自信"，立足党和国家事业发展需要，聚焦社会经济发展中的关键性问题，以宣传和推广中国经验为目标，有助于树立道路自信和理论自信，具有较强的现实性、针对性和决策参考价值。作为程哲博士的博士后合作导师，我推荐本书作为博士后文库出版。

签字：

2021 年 3 月 12 日

说明：该推荐表须由具有正高级专业技术职务的同行专家填写，并由推荐人亲自签字，一旦推荐，须承担个人信誉责任。如推荐书稿入选《文库》，推荐专家姓名及推荐意见将印入著作。

经济管理出版社
《中国社会科学博士后文库》
成果目录

第二批《中国社会科学博士后文库》

序号	书　名	作　者
1	《国有大型企业制度改造的理论与实践》	董仕军
2	《后福特制生产方式下的流通组织理论研究》	宋宪萍
3	《基于场景理论的我国城市择居行为及房价空间差异问题研究》	吴　迪
4	《基于能力方法的福利经济学》	汪毅霖
5	《金融发展与企业家创业》	张龙耀
6	《金融危机、影子银行与中国银行业发展研究》	郭春松
7	《经济周期、经济转型与商业银行系统性风险管理》	李关政
8	《境内企业境外上市监管问题研究》	刘　轶
9	《生态维度下土地规划管理及其法制考量》	胡耘通
10	《市场预期、利率期限结构与间接货币政策转型》	李宏瑾
11	《直线幕僚体系、异常管理决策与企业动态能力》	杜长征
12	《中国产业转移的区域福利效应研究》	孙浩进
13	《中国低碳经济发展与低碳金融机制研究》	乔海曙
14	《中国地方政府绩效管理研究》	朱衍强
15	《中国工业经济运行效益分析与评价》	张航燕
16	《中国经济增长：一个"破坏性创造"的内生增长模型》	韩忠亮
17	《中国老年收入保障体系研究》	梅　哲
18	《中国农民工的住房问题研究》	董　昕
19	《中美高管薪酬制度比较研究》	胡　玲
20	《转型与整合：跨国物流集团业务升级战略研究》	杜培枫

第三批《中国社会科学博士后文库》

序号	书 名	作 者
1	《程序正义与人的存在》	朱 丹
2	《高技术服务业外商直接投资对东道国制造业效率影响的研究》	华广敏
3	《国际货币体系多元化与人民币汇率动态研究》	林 楠
4	《基于经常项目失衡的金融危机研究》	匡可可
5	《金融创新与监管及其宏观效应研究》	薛昊旸
6	《金融服务县域经济发展研究》	郭兴平
7	《军事供应链集成》	曾 勇
8	《科技型中小企业金融服务研究》	刘 飞
9	《农村基层医疗卫生机构运行机制研究》	张奎力
10	《农村信贷风险研究》	高雄伟
11	《评级与监管》	武 钰
12	《企业吸收能力与技术创新关系实证研究》	孙 婧
13	《统筹城乡发展背景下的农民工返乡创业研究》	唐 杰
14	《我国购买美国国债策略研究》	王 立
15	《我国行业反垄断和公共行政改革研究》	谢国旺
16	《我国农村剩余劳动力向城镇转移的制度约束研究》	王海全
17	《我国吸引和有效发挥高端人才作用的对策研究》	张 瑾
18	《系统重要性金融机构的识别与监管研究》	钟 震
19	《中国地区经济发展差距与地区生产率差距研究》	李晓萍
20	《我国国有企业对外直接投资的微观效应研究》	常玉春
21	《中国可再生能源决策支持系统中的数据、方法与模型研究》	代春艳
22	《中国劳动力素质提升对产业升级的促进作用分析》	梁泳梅
23	《中国少数民族犯罪及其对策研究》	吴大华
24	《中国西部地区优势产业发展与促进政策》	赵果庆
25	《主权财富基金监管研究》	李 虹
26	《专家对第三人责任论》	周友军

第四批《中国社会科学博士后文库》

序号	书 名	作 者
1	《地方政府行为与中国经济波动》	李 猛
2	《东亚区域生产网络与全球经济失衡》	刘德伟
3	《互联网金融竞争力研究》	李继尊
4	《开放经济视角下中国环境污染的影响因素分析研究》	谢 锐
5	《矿业权政策性整合法律问题研究》	郗伟明
6	《老年长期照护：制度选择与国际比较》	张盈华
7	《农地征用冲突：形成机理与调适化解机制研究》	孟宏斌
8	《品牌原产地虚假对消费者购买意愿的影响研究》	南剑飞
9	《清朝旗民法律关系研究》	高中华
10	《人口结构与经济增长》	巩勋洲
11	《食用农产品战略供应关系治理研究》	陈 梅
12	《我国低碳发展的激励问题研究》	宋 蕾
13	《我国战略性海洋新兴产业发展政策研究》	仲雯雯
14	《银行集团并表管理与监管问题研究》	毛竹青
15	《中国村镇银行可持续发展研究》	常 戈
16	《中国地方政府规模与结构优化：理论、模型与实证研究》	罗 植
17	《中国服务外包发展战略及政策选择》	霍景东
18	《转变中的美联储》	黄胤英

第五批《中国社会科学博士后文库》

序号	书 名	作 者
1	《财务灵活性对上市公司财务政策的影响机制研究》	张玮婷
2	《财政分权、地方政府行为与经济发展》	杨志宏
3	《城市化进程中的劳动力流动与犯罪：实证研究与公共政策》	陈春良
4	《公司债券融资需求、工具选择和机制设计》	李 湛
5	《互补营销研究》	周 沛
6	《基于拍卖与金融契约的地方政府自行发债机制设计研究》	王治国
7	《经济学能够成为硬科学吗?》	汪毅霖
8	《科学知识网络理论与实践》	吕鹏辉
9	《欧盟社会养老保险开放性协调机制研究》	王美桃
10	《司法体制改革进程中的控权机制研究》	武晓慧
11	《我国商业银行资产管理业务的发展趋势与生态环境研究》	姚 良
12	《异质性企业国际化路径选择研究》	李春顶
13	《中国大学技术转移与知识产权制度关系演进的案例研究》	张 寒
14	《中国垄断性行业的政府管制体系研究》	陈 林

第六批《中国社会科学博士后文库》

序号	书　名	作　者
1	《城市化进程中土地资源配置的效率与平等》	戴媛媛
2	《高技术服务业进口对制造业效率影响研究》	华广敏
3	《环境监管中的"数字减排"困局及其成因机理研究》	董　阳
4	《基于竞争情报的战略联盟关系风险管理研究》	张　超
5	《基于劳动力迁移的城市规模增长研究》	王　宁
6	《金融支持战略性新兴产业发展研究》	余　剑
7	《粮食流通与市场整合——以乾隆时期长江中游为中心的考察》	赵伟洪
8	《文物保护绩效管理研究》	满　莉
9	《我国开放式基金绩效研究》	苏　辛
10	《医疗市场、医疗组织与激励动机研究》	方　燕
11	《中国的影子银行与股票市场：内在关联与作用机理》	李锦成
12	《中国应急预算管理与改革》	陈建华
13	《资本账户开放的金融风险及管理研究》	陈创练
14	《组织超越——企业如何克服组织惰性与实现持续成长》	白景坤

第七批《中国社会科学博士后文库》

序号	书　名	作　者
1	《行为金融视角下的人民币汇率形成机理及最优波动区间研究》	陈　华
2	《设计、制造与互联网"三业"融合创新与制造业转型升级研究》	赖红波
3	《复杂投资行为与资本市场异象——计算实验金融研究》	隆云滔
4	《长期经济增长的趋势与动力研究：国际比较与中国实证》	楠　玉
5	《流动性过剩与宏观资产负债表研究：基于流量存量一致性框架》	邵　宇
6	《绩效视角下我国政府执行力提升研究》	王福波
7	《互联网消费信贷：模式、风险与证券化》	王晋之
8	《农业低碳生产综合评价与技术采用研究——以施肥和保护性耕作为例》	王珊珊
9	《数字金融产业创新发展、传导效应与风险监管研究》	姚　博
10	《"互联网+"时代互联网产业相关市场界定研究》	占　佳
11	《我国面向西南开放的图书馆联盟战略研究》	赵益民
12	《全球价值链背景下中国服务外包产业竞争力测算及溢出效应研究》	朱福林
13	《债务、风险与监管——实体经济债务变化与金融系统性风险监管研究》	朱太辉

第八批《中国社会科学博士后文库》

序号	书　名	作　者
1	《分配正义的实证之维——实证社会选择的中国应用》	汪毅霖
2	《金融网络视角下的系统风险与宏观审慎政策》	贾彦东
3	《基于大数据的人口流动流量、流向新变化研究》	周晓津
4	《我国电力产业成本监管的机制设计——防范规制合谋视角》	杨菲菲
5	《货币政策、债务期限结构与企业投资行为研究》	钟　凯
6	《基层政区改革视野下的社区治理优化路径研究：以上海为例》	熊　竞
7	《大国版图：中国工业化 70 年空间格局演变》	胡　伟
8	《国家审计与预算绩效研究——基于服务国家治理的视角》	谢柳芳
9	《包容型领导对下属创造力的影响机制研究》	古银华
10	《国际传播范式的中国探索与策略重构——基于会展国际传播的研究》	郭　立
11	《唐代东都职官制度研究》	王　苗

第九批《中国社会科学博士后文库》

序号	书　名	作　者
1	《中度偏离单位根过程前沿理论研究》	郭刚正
2	《金融监管权"三维配置"体系研究》	钟　震
3	《大股东违规减持及其治理机制研究》	吴先聪
4	《阶段性技术进步细分与技术创新效率随机变动研究》	王必好
5	《养老金融发展及政策支持研究》	娄飞鹏
6	《中等收入转型特征与路径：基于新结构经济学的理论与实证分析》	朱　兰
7	《空间视角下产业平衡充分发展：理论探索与经验分析》	董亚宁
8	《中国城市住房金融化论》	李　嘉
9	《实验宏观经济学的理论框架与政策应用研究》	付婷婷

第十批《中国社会科学博士后文库》

序号	书　名	作　者
1	《中国服务业集聚研究：特征、成因及影响》	王　猛
2	《中国出口低加成率之谜：形成机制与优化路径》	许　明
3	《易地扶贫搬迁中的农户搬迁决策研究》	周君璧
4	《中国政府和社会资本合作发展评估》	程　哲
5	《公共转移支付、私人转移支付与反贫困》	解　垩
6	《基于知识整合的企业双元性创新平衡机制与组织实现研究》	李俊华
7	《我国流域水资源治理协同绩效及实现机制研究》	陈新明
8	《现代中央银行视角下的货币政策规则：理论基础、国际经验与中国的政策方向》	苏乃芳
9	《警察行政执法中法律规范适用的制度逻辑》	刘冰捷
10	《军事物流网络级联失效及抗毁性研究》	曾　勇
11	《基于铸牢中华民族共同体意识的苗族经济史研究》	孙　咏

《中国社会科学博士后文库》
征稿通知

为繁荣发展我国哲学社会科学领域博士后事业，打造集中展示哲学社会科学领域博士后优秀研究成果的学术平台，全国博士后管理委员会和中国社会科学院共同设立了《中国社会科学博士后文库》（以下简称《文库》），计划每年在全国范围内择优出版博士后成果。凡入选成果，将由《文库》设立单位予以资助出版，入选者同时将获得全国博士后管理委员会（省部级）颁发的"优秀博士后学术成果"证书。

《文库》现面向全国哲学社会科学领域的博士后科研流动站、工作站及广大博士后，征集代表博士后人员最高学术研究水平的相关学术著作。征稿长期有效，随时投稿，每年集中评选。征稿范围及具体要求参见《文库》征稿函。

联系人：宋　娜
联系电话：13911627532
电子邮箱：epostdoctoral@126.com
通讯地址：北京市海淀区北蜂窝 8 号中雅大厦 A 座 11 层经济管理出版社《中国社会科学博士后文库》编辑部
邮编：100038

经济管理出版社